JN010477

マツダミヒロ

1日1問答えるだけで理想の自分になれる
365日の質問

365 days questions

光文社

はじめに

1日10秒で人生が変わる

人生を変えるのは、たった10秒。

それだけ質問にはインパクトとパワーがあります。


この10秒とは、質問を読み、答える時間です。

はじめは、10秒で答えることができないかもしれませんが、質問に答えつづけていくと、必ず答えられるようになります。


なぜ、最初は答えられないか？　それは、〝自分との会話〟をふだんから行っていないからです。

はじめて会う方と話をするとき、どこかぎこちなさを感じますよね。それは、その人とコミュニケーションがうまくとれていないから。相手との関係性が築かれていないと、相手を知ることはできないのです。

これは、自分自身についても同じことが言えます。

自分との関係性を築くことが、自分を知ることであり、自分を生きることでもあります。

自分を知り、自分を生きることができれば、自分が本当に求めているのは何かがわかり、人生が豊かになっていくのがわかります。

質問に答えていくと、すべてが手に入る

ぼくは、この本の著者であり、質問家のマツダミヒロです。

以前のぼくは、こんな姿でした。

本当にやりたいことがわからない、見つからない。さまざまなことにチャレンジするけれど失敗ばかり。続けようと決めたことも、3日でいつもあきらめてしまう。

銀行の預金は毎月減りつづけ、気づいたら残高がマイナスになっていたことも。不安と不満がいっぱいの人生でした。

そこで、出会ったのが質問です。

人生で迷っていたとき、先輩からの問いかけに答えていくうちに、まるで魔法にかかったように考え方が変わったり、行動できたりするようになっていきました。

この感覚がなんとも不思議で、質問に答えるって楽しい！　面白い！　と感じました。

それから、今度は1日1問、自分で質問をつくり、それに答えるということをくり返しました。これらの質問を、ぼくは「**魔法の質問**」と呼んでいます。

以来、魔法の質問に答える毎日を、15年以上続けています。その間に人生が大きく変化していきました。すべてが手に入るようになったのです。

今は、時間と場所にとらわれず、いくつかの住みたい場所に拠点を持ち、家族のような仲間たちと仕事をし、経済的に何の不安もない状態で日々を送っています。世の中がどんなに激変しても、変わらない暮らしを続けることができているのです。

以前のぼくでは、想像できないワークスタイル、そしてライフスタイルです。それは、質問に答えつづけてきたから得られたものなのです。

望むものがすべて手に入るとは、「自分が本当に心から望むものが手に入る」ということです。

質問に答えつづける前は、自分は何が欲しいのか、何を望んでいるのかがわかりませんでした。テレビや雑誌に登場する有名人の持ち物を自分の欲しいものと思っていたり、まわりの人や憧れの人のライフスタイルを自分が望む暮らしと思い込み、外見だけ真似《まね》てみたりしていました。

でも、これらはすべて「自分の外の答え」であり、「自分の中の答え」ではありません。本当に手に入れたいものは、自分の中にあるもの。だから、「自分の中の答え」をまずは知る必要があるのです。

質問に答えていくうちに、「自分の中の答え」がわかり、そして、どのようにすれば本当に欲しいものを手に入れられるかということも自ずとわかってきたのです。

本書の質問をより楽しむには

ぼくのように、毎日質問に答えることで、自分が本当に心から望むものを手に入れ、豊かな人生、楽しい毎日を送ってほしい。

そんな想いをこめてつくったのが、この本です。


この本には、３６５プラス１の質問があります。１年分ですね（どの年からはじめてもいいように、２月29日の質問もちゃんと用意しています）。

どの日からはじめてもかまいません。**まずは1週間答え続けてみてください**。１週間後には、質問に答える感覚が変わってきているのがわかると思います。

１週間の次は、３週間を目指してみましょう。その間《あいだ》に、質問に答える時間がとれない日があったり、忘れてしまったりしたら、その日は飛ばして、次の日から再開しても大丈夫です。


質問に答えるのは楽しい習慣ですが、さらに楽しくするためには誰かと一緒に答え合うことをおすすめします。自分の答えだけでなく、他の人の答えを聞くことで新たな視点が得られたり、行動のヒントがもらえたりするかもしれません。

誕生日の質問はさらにパワフル

もう一つの活用方法は、「自分の誕生日の質問」に答えつづけるということ。

誕生日は　あなたにとって特別な日であり、とても影響がある日です。その月にも、その日にも意味があり、あなたがその日に生まれてきたことは偶然ではないかもしれません。その「1日」が持っているパワーやエネルギーをメッセージとして、さらに質問に変換して記載しています。

ですので、**誕生日の質問には1年に1度だけでなく毎週答えてみましょう**。悩んでいるとき、迷っているとき、自分を取り戻したいときにも、答えてほしいです。あなたを奮い立たせる、パワフルな質問になっています。

あなたの大切な方への「誕生日プレゼント」として、この本をギフトしてあげてもいいですね。

２つの「ルール」

質問に答えるときの大切なルールを２つお伝えしましょう。

まず１つめは、「**出てきた答えを否定しない**」ということ。パッと出てきた答えの中には、「こんなのでいいのかな？」と思うようなものもあるかもしれません。

それでいいんです。ぼくたちの中では「出てきた答えはすべて正解」というルールがあります。どんな答えでも、答えていただいてよいのです。


２つめは、「**答えが出なくても正解**」ということ。質問の中には、すぐに答えられないものもあるかもしれません。「そのほうが多い」という人もいるでしょう。そんなときは焦らず、引き続き自分にその質問を投げかけてみてください。

「３日前の晩ごはんは何を食べましたか？」と聞かれたとき、頭の中で記憶をたどろうとしますよね。そうです、誰でも質問をされると、脳は自動的に答えを探し出すという働きをするものです。

ですので、すぐに答えが出てこない質問も、引き続き自分に問いかけているうちに、無意識が答えを探してくれて、突然答えが出てくることもよくあるのです。

ぜひ、この２つのルールを意識して質問に答えてみてください。

＊

では、先ほどお話ししましたように、まずは今日から1週間、質問に答えてみましょう。

それがクリアできたら、1週間、３週間、1か月、２か月……と延ばしていきます。

途中、挫折《ざせつ》したら、また思いたった日から再開してみてください。

1年後、あなたの人生は、きっと変わっていることでしょう。

あなたのその姿を、ぼくはとても楽しみにしています。

CONTENTS

ブックデザイン・八木麻祐子（Isshiki）
企画・山本時嗣

３６５日の質問を毎日ＬＩＮＥでも配信しています。
（本書に掲載されている質問とは別の質問です）
下のＱＲコードから登録していただけるとうれしいです。

1
月
JANUARY

どんなはじまりにしたいですか？

はじまりが、すべてを決める。1年の「最初の一歩」を、慎重に、そして大胆に踏み出そう。大きな一歩でもいいし、誰にも気づかれないくらいの小さな一歩でもいい。その一歩の先がどうなるかはわからないけれど、1年後に振り返ったときに、「あの一歩があったからこそ、今の自分がある」そう思えるはずだ。1年のはじまりを最高のものにするために、どんな一歩を踏み出そうか。

1月2日

魔法の質問
002

何をシェアしますか？

独り占めをやめて誰かとシェアをはじめてみよう。1人で使い切れないもの、手に余るものは、仲間や友人たちに分けてあげる。活用しきれないものは、必要な人に渡してあげる。自分にとって必要なものも、ときには誰かにギフトする。シェアをするということは、みんなで生きるということ。シェアした分だけ、めぐりめぐって、自分にシェアが返ってくる。

自分の中に眠っているのはどんな力ですか？

あなたの中に眠っている力に、あなた自身なかなか気づくことができない。それはあなたが思っている以上に大きな力かもしれない。それに気づくためには、どんなことをすればいいだろう。昔のことを思い返してみてもいいし、意識しなくても人よりできることを思い出してもいい。自分でも気づいていない「自分のすごさ」に出会う１日にしてみよう。

魔法の質問

004

どんなことを達成したいですか？

これまでにチャレンジしたことがないものにチャレンジしてみよう。「やろう、やろう」と思っていたけどなかなかできなかったことをはじめてみてもいい。目の前のしなければならないことではなく、本当にやりたいことに取りかかろう。仕事に限らず、人生において達成したいことに今すぐ取り組んでみよう。あなたは、どんなことを達成したいだろうか。

どんなことに全力で取り組みたいですか？

慣れていることは知らず知らずのうちに手を抜いてしまう。力を入れなくてもできてしまうからだ。でも、あなたが小さいころは、どんなことにも全力で取り組んでいたはず。一生懸命、無我夢中で。今あなたが、全力で取り組みたいものはなんだろう。初心に帰り、すべてを忘れて、そのことに全力で取り組んでみよう。

1人時間をどのように楽しみますか？

仕事に全集中したあと、「疲れたな」と感じたときは、エネルギーを補給したい。
その方法はいろいろあるけれど、今日は1人でエネルギーチャージをしてみよう。
まずは、心と体を自由にし、自分を解放させて、自分だけの時間をつくること。

魔法の質問

007

1月7日

ベストなバランスポイントはどこですか？

2つのうちどちらを選ぶか？　AかBか――。そんな二者択一でない選択もある。それは、2つの間のバランスをとること。物事の間でバランスをとりながら、自分にとって心地よく感じられる最適なポイントを見つけよう。自分も大事だし、まわりも大事。耐えることも大事だし、突き進むことも大事。聞くのも大事だし、それを伝えるのも大事。両者の間で、あなたなりのバランスポイントを見つけよう。

自分にしかできないのはどんなことですか？

あなたにできることは何だろう？　その中でも特に発見したいのが、「自分にしかできない」こと。そんな他の人にはできないことを見つけよう。なかなか見つからなくても、途中であきらめず、どんな小さなことでも自分にしかできないという地点までやってみる。その過程に、答えが隠されている。

どんな貢献をしたいですか？

あなたの才能は、あなたのためだけにあるのではない。広く、世の中に貢献するために、あなたの才能は存在する。あなただったら、どんな貢献をしたいだろうか。あなたが置かれた場所で、あなたがいる分野で、思いっきり自分の力を発揮しよう。

魔法の質問
010

誰と一緒に取り組みますか？

1人よりも2人、2人よりも3人、3人よりも4人……。一緒に活動する仲間が多ければ多いほど、あなたができることも大きくなる。あなたが仲間と刺激し合い、磨き合い、助け合って、共通の目的に向かって進む日にしよう。「何をするか」も大事だけど「誰とするか」のほうが大事。あなたは誰と一緒にやりたいだろうか。

失敗から何を学びましたか？

うまくいくことだけが成功じゃない。うまくいかないこと、失敗からこそ、学び成長することがある。順調なときにも心を研ぎ澄まし、日ごろ見落としていること、ふだん忘れていることに気づくようにしてみよう。きっと成長のための大きな気づきが得られるはずだ。

魔法の質問

012

次のチャレンジは
どんなことですか？

チャレンジは一度すれば終わりというものではない。1つの挑戦が終わったら、成功しようが失敗しようが、また次の挑戦をはじめてみる。今日からはそんな、新たなチャレンジをくり返す日にしよう。そこから得られる気づきがきっとあるはず。くり返しの先には、大きな成果が待っている。

誰に手を貸して
ほしいですか？

「これで本当にいいのかな？」などと、不安に襲われることもあるだろう。そんなとき、慎重であることも大切だが、それも度を過ぎると決して前には進まない。1人で抱えこまないで誰かに手伝いをお願いしてみる。きっと、あなたのために喜んで力を貸してくれる人がたくさんいるはずだ。勇気を出して声をかけてみよう。

1月14日

魔法の質問

014

大きな夢はどんな夢ですか？

あなたの夢はどんなものだろう。もし、その夢をもっともっとスケールアップできるならば、さらに壮大なものに描き直す。小さく考えることを手放し、大きく考えるようにしよう。たとえ大きな夢でも、日々の取り組みできっと実現できるはずだから。

1 月 15 日

日々を充実させるために何をしますか？

日々を充実させるといっても、お金をかけて特別なことをする必要はない。自分が毎日心豊かに過ごしていることに気づき、その気づきを暮らしのすみずみに行きわたらせるようにするだけ。毎日短い時間でいいから、心のグラスを満たす習慣をつくるようにしよう。空っぽのグラスが満たされたときに、本当の豊かさを知ることができる。

魔法の質問
016

ご縁をどのように活かしますか?

人とのつながりこそが大切な宝物。あなたが今までに結んできたご縁は、出会うべきであったもの。そんなこれまでのつながりを、自分の未来に活かすようにしよう。そのとき、ご縁の相手にも価値をもたらすような活かし方をすること。そうすれば、相手も喜んであなたとのご縁を続けてくれるはず。あなたの中に眠っているご縁は、いったいどんなご縁だろう。

さらに上を目指すためには何が必要ですか？

どんどん上を目指していこう。もっと上に行きたいと思ったときは、遠慮せず、どこまでも、とことん登ってみよう。頂上に近いからこそ見える景色もあるし、できることも増えてくる。自分の可能性が広がり、人に貢献できることも明確になってくる。登る途中では臆病になるときもあるかもしれないが、そこを乗り越えれば、気持ちも強くなってくる。さらに上に行くためにできることをしよう。

1月18日

魔法の質問

018

自分のどこを認めますか？

「相手に勝つ」ということは、自分と相手を比べて優劣をつけることではない。そんなことをしても、その瞬間から新しい競争が生まれるだけ。相手にフォーカスするのではなく、自分にフォーカスしよう。今自分ができていることを見つけ、認め、たっぷり自分を信じてあげよう。そうすることで、自分の中に「本当の満足」が生まれ、まわりのことは気にならなくなっていく。

どんなひらめきがありますか？

あなたの中には、とめどなく湧いてくるひらめきの泉がある。今日はそれに気づく日にしよう。そのときに気をつけたいのは、余計なエネルギーは手放すこと。純粋に湧いてくるひらめきを受け取り、それを世の中のために使ってみよう。それをくり返していけば、あなたの価値は高まっていく。

誰に どんなことを 伝えたいですか？

理想に向かって歩んでいこうとしても、1人だけではうまく進めない。でも、あなたには一緒に歩んでくれる人がきっといるはず。それは1人かもしれないし、2人、いや、もっと多いかもしれない。そういう人たちに、自分の想いを丁寧に伝えてみよう。言葉は表面的な意味合いで捉えられがち。言葉の奥にある意味も言葉にして伝えてあげよう。忘れずに自分の気持ちも添えて。

心の声は何と言っていますか？

あなたが一番大切にしたいのは誰の声だろう。師の声かもしれないし、パートナーの声かもしれない。それとも、一緒に動いている仲間の声？　いや、一番大切にするべきなのは、自分の声。自分の心の声に耳を傾けてみよう。迷っているとき、悩んでいるとき、ブレそうになっているときこそ、自分の味方になってくれる。心の声を味方につけるには、自分の心と対話をする時間をつくること。

どんなことで笑いましたか?

人は、ときに機械になったみたいに、心が無《む》になってしまうことがある。そんなときは、喜びの感情も、怒りの感情も、悲しみの感情も、抑えつけられて表に出てこない。心の底から笑ったことを思い出すようにしてみよう。そうして、自分の感情を思いっきり外に向かって解放してみよう。

どんな生き方をしたいですか？

あなたはこの先、どんな生き方をしていきたいだろう。どんな生き方をするにしても、あなたは何物にもとらわれることなく、生きていけるはず。だから自分の生き方を大切にしよう。不安になったとしても、お金がなかったとしても、その姿が、まわりの人を動かし、あなたの進むべき場所に向かって、一緒に歩んでくれる。

魔法の質問
024

自分のルールはどんなものですか？

人は人、自分は自分。他人のルールを無理に取り入れようとせず、自分なりのルールをつくろう。そのルールが世間の常識と違っていたとしても、共感してくれる人はきっといる。その結果、自分もまわりも、そして世の中も喜ぶルールをつくることができるだろう。

誰にも言えない本音はどんなことですか？

いざというとき、自分の気持ちや意見を正直に口にできなくなってしまう。それは自分自身が、なくなってしまうようなもの。今日は自分の本当の気持ちをまわりに伝えるようにしよう。まわりの考えが自分と違うとき、そしてその考えに違和感を抱くときは、本音で付き合える人たちこそが、あなたが一緒に歩んでいくべき大切な人たち。誰にも言えない本音を、大切な人に打ち明けてみよう。

魔法の質問

026

静かな時間はいつにしますか？

世の中は動いている。時間も進んでいる。一瞬たりとも止まることなく、ずっとずっと。でも、それに合わせて、あなたの心もずっと動きつづける必要はない。むしろ、ときには動きを止めないと、すり減ってしまうだろう。心の動きを止め、時計を見るのもやめて、静かな時間を過ごしてみよう。「静」があってはじめて、「動」が生きてくる。

寂しさを味方にするために何をしますか？

1日の中で、ふと、寂しくなる瞬間はないだろうか？　ずっと1人でいるとき、そばにいた人がいなくなったとき、1つのことをやりきって、次に何をすればいいかわからなくなったとき……。その状態を放置していると、寂しさで頭がいっぱいになってくる。でも、どんな感情でも心の肥やしになるはず。そのために寂しさを味方にすることを考えてみよう。すべての感情をあなたの味方につけることが大切。

発想を変えるためにどんな行動をとりますか？

同じ場所で、同じことをずっと考えていると、頭の中がその考えで満たされる。他のことを考えようとしても、結局は元の考えに戻ってしまう。答えを求めても、同じようなものしか出てこない。そういうときは、積極的に未知のモノ・人・場所に触れてみよう。考えが煮つまって発想が凝り固まってしまったときは、新しい人を紹介してもらう・入ったことのない店に入る。それだけで、新しい発想が生まれる。

魔法の質問

029

1 月 29 日

本当の自分はどんな人ですか？

素《す》のものこそが美しい。無理につくろうとしてはいけない。花が自ら着飾ることがないように、自然に存在するものはそのままで美しい。自分自身の「素」「ありのまま」を意識しよう。「素の自分」「ありのままの自分」こそが、人に求められる「あなた」である。

人と違う「やりたいこと」は何ですか？

「あなたは変わっているね」と言われたら、どんな気分がするだろう。人と変わっていることは、決して悪いことではない。むしろ、あなたの「強み」になる。その「強み」を活かして、独自の考えやアイデアを表に出してみよう。あなたの考えやアイデアに、まわりの人がついてこれなかったとしても、きっとまわりが変化し、理解してくれるときが来る。あなたはあなたのオリジナルの道を進んでいこう。

そこにどんな本質がありますか？

「人は見た目が９割」という言葉があるくらい、誰しも外見に影響されがち。でも、人も物事も見た目だけでは本当のところはわからない。隠れている部分にこそ、その人や物事の本質が潜んでいる。あなたは、これらの本質を見抜く力を持っている。目に見えないけれど、大事な本質とは何か。それを見つけてみよう。

2月

FEBRUARY

時代を先取りするために何に触れますか？

今、この瞬間に何が生まれているのか。今までできなかったことが、新しい技術を取り入れることにより、可能になる場合がある。それは身のまわりのものから、人類の歴史を変えるほど画期的なものまで、常に生み出されている。もし、その技術によって自分にプラスの効果がもたらされるなら、積極的に取り入れてみよう。自分なりにアレンジして使ってみよう。

2月2日

魔法の質問 033

どんな改革をしますか？

今の状況を良くしようと思っても、ちょっとした改善くらいでは大きな変化は得られない。そんなときは大胆な改革も必要になってくる。これまでの常識や枠、習慣にとらわれず、自分の日常に大改革を起こしてみる。1人でもできなくはないが、多くを望むのは難しい。仲間とともに、改革を起こしてみよう。

魔法の質問 034

2月3日

俯《ふ》瞰《かん》したときに何が見えますか？

人は、目の前のことはよく見えているものだ。しかし、俯瞰して見ることは少ない。しかし、そうしてはじめて、目の前のものが小さいものであることに気づく。俯瞰して物事の全体を見るようにしよう。そうすることで、新たなビジョンが開けることもある。今やっていることを俯瞰したとき、あなたの目には何が見えるだろうか。

心の耳を澄《す》ましてみたら何が聴こえますか？

ただ耳に入ってくるのと、意識して耳を傾けるのとでは、同じものを聴いていても、得られるものが違う。もちろん、後者のほうが価値の大きいものを得られる。そこには、「ずっと欲しいと願っていたこと」「自分には足りないと思っていたこと」が潜んでいるかもしれない。「心の耳」を澄まして、まわりのことに耳を傾けてみよう。

どんな関係をつくっていきたいですか？

あなたと誰かとのベストな距離は、相手によってまったく違う。近いほうがいい相手もいれば、ちょっと離れた状態で関わったほうがいい相手もいる。距離感を意識しながら、人と接してみる。そうすると、あなたはその人とどういう関係を築きたいのか、自ずと見えてくるだろう。違和感を抱かなくてすむのが、ベストな距離感。人と関わることによって得られるものこそ、人生を豊かにしてくれる。

2月6日

魔法の質問

037

どんなことに
集中し
どんなことを
解放しますか？

あなたは集中すると、何も感じなくなるくらい一気に取り組むことができる。そのエネルギーは素晴らしい。でも、集中力というのはずっとは続かない。集中したあとは自分を解放してあげる必要がある。それには、1時間くらい何もせず、何も考えず、ボーッとする時間をつくること。そうすれば、ふたたびあなたの中に新しいエネルギーが入る余地ができてくるだろう。

不安から
どんな可能性が
生まれますか？

不安になると何も進まなくなる。そんな人もいるが、不安を推進力に変えて物事を進めていく人もいる。後者のような人になるためにも、悩みや不安をパワーに変えていこう。それには、悩みや不安をすべて思い浮かべ、一つひとつじっくり味わう。押しつぶされそうになっても、自分に「負けないぞ」と言い聞かせる。すると、心の中から熱いパワーがふつふつと湧き上がってくるのを感じることだろう。

どんな幸運を受け取りますか？

幸運は、幸運体質の人のところにやってくる。何気ない出来事でも、それを幸せと感じられるかどうかで、人生の捉え方が変わってくる。つまり、幸運とは「何が起こったか」という事実ではなく、「何をどう感じたか」という捉え方だということだ。自分を幸運体質に変えるには、自分の身に起きた出来事を「幸運」の観点から捉えるようにしてみよう。

魔法の質問 040

2月9日

今、やるべきことは何ですか？

今、あなたがやるべきことは何だろう。そのやるべきことをやれる力が、あなたにはある。そして、どんなことも成しとげることができる。ただ、その過程で自分を追いつめることがないよう、休息をとることも大事。余裕を持ちながら、取り組むようにしよう。

魔法の質問
041

何をとことん やりますか？

気になったことは、とことんやってみよう。もし、それが本来の道とは違うものだとしても。自分にはできないといって我慢し、忘れようとしても、やはり気になって仕方がないはず。それでは、すべてにおいて身が入らない。悔いがなくなるまでやりつくしたら、きっと本来の道に戻れる。あるいは、気になったものこそが、実は本来の道かもしれない。

魔法の質問

042

2 月 11 日

自由にのびのびと どんなことを してみたいですか？

自由でいてこそ、本来の力を発揮できる。既存の決まりごとや価値観にとらわれず、自由にのびのびと考え、行動する。まわりから止められたり、反発されたりすることもあるかもしれない。そういうときは、まわりの理解が得られるよう努めながら、何度もチャレンジしてみよう。

人との関わりで得られるのはどんなことですか？

1人でいると、人間関係で悩むことはない。だからといって、1人で生きていくこともできない。人との関わりの中でしかなし得ない「人間的成長」もある。人と関わることで得られる喜び、楽しみ、分かち合い……。その良さがわかると、人と関わることが楽しくなってくる。今よりちょっとだけでも、人と積極的に関わるようにしてみよう。

魔法の質問
044

2 月 13 日

どんなことで突出しますか？

まわりと違うと、ちょっと浮いた感じになる。でも、「出すぎる杭《くい》は打たれない」もの。もっともっと突出してみよう。「まわりがどう思うか」は完璧に手放し、やりたいように、とことんやってみる。怪《け》訝《げん》な目であなたのことを見ていた人たちも、いつしか、あなたの存在を眩《まぶ》しく感じることだろう。

魔法の質問

045

心を広くするために
どんなことを
意識しますか？

狭いよりも広いほうがいいのが「心」。心が広いことで、ゆとりや包容力が生まれたり、視点が増えたりする。いくら良いことを考えても、いくら良いアイデアを思いついても、狭い心ではそれらを活かせない。あなたの持っている素質や能力をさらに活かすためにも、心をもっともっと広くしてみよう。

どんな表現をしたいですか？

素晴らしいことを思いついても、それを表に出さなければ、思いついていないのと一緒。感じたことや伝えたいことを、自分なりの言葉や手法で表現してみよう。うまく伝えようとしなくても、そこに想いがこもっていれば、それでいい。あなたの表現をキャッチしてくれる人が、あなたと今後をともにする人。伝わる人には伝わるのだから。

何を一番優先させたいですか？

好奇心が強ければ強いほど、やりたいことはどんどん増えつづける。頭と手足がたくさんあれば、同時にこなしていけるだろう。でも、体は１つだけ。やりたいことがたくさんある中で、最もやりたいことは何だろう。楽しさを基準にしてもいいし、インスピレーションを基準にしてもいい。考えすぎずに選ぶことが大事。そして、自分が何をすればいいかは、あなたにはすでにわかっているはず。

どんな大きなロマンを描きますか？

何事もただやるだけでは面白くない。そこにロマンを求めたい。どんな想いで、どんなストーリーで、どんな美しさで、それを成しとげたいのか。大きなロマンを描いてみよう。

個性を活かすためにしたいのはどんなことですか？

世の中の常識や決まりごとに疑問を抱くことなく、日々過ごすほうが生きやすい。でも、それを続けていると、あなたの個性は死んでしまう。本当の自分は、何に関心があるのか？　何を大切にしたいのか？　そのことを考えながら、自分の個性を存分に活かした行動をしてみよう。そこから、あなたの中で斬新な発想がどんどん湧いてくる。

大きな器を活かすためにどんなことをしますか？

あなたの器は、どのくらいの大きさだろう。きっと、無限大といってもいいほど大きいに違いない。だからこそ、スケールの大きいことに取り組める。誰にも真似できないようなことにもチャレンジできる。その過程で人にぶつかることもあるかもしれない。そういうときは、あなたの器の大きさを活かして、その人を優しく包んであげる。きっとその人は、あなたとともに歩いてくれる人になる。

相手の心の奥にどんな気持ちが潜んでいますか？

相手の気持ちをわかってあげたい。会話の中から、それをつかみ取ろうとしても、言葉には含まれていないこともある。そういうときは、相手の心の奥を感じてみるようにしよう。相手が自分でも気づいていない本心を。それがわかれば、相手の一番の味方になってあげることができる。

そこにどんな真価がありますか？

時代によって変わる価値もあれば、どんなに時が流れても変わらない価値もある。変わらない価値に、あなたは今風のアレンジを加えることができる。ものの価値がわかる人にしか、そういうことはできない。さまざまなものにどんな価値があるのか、しっかりと見極めるようにしよう。

みんなと分かち合いたいのはどんな喜びですか？

どんどん改善していけば、さらに使い勝手が良くなっていく。あなた１人でその方法を探してみてもいいけど、みんなで知恵をしぼって、改善案をつくってみるのもいい。みんなで取り組めばこそ、喜びも大きい。面白いことや楽しいことを、みんなで分かち合いながら進んでいこう。

魔法の質問 054

2月23日

どんな付加価値を加えますか？

もともと価値のあるものでも、手を加えることで、より大きな価値が生まれることがある。ちょっとしたアレンジを施しても、見せ方を変えるだけでも、まったく違ったものになる。新しいものとして生まれ変わるのだ。あなたの手にかかれば、今まで見向きもされなかったものが、俄然《がぜん》脚光を浴びはじめる。あなたの身近にあるもの、今あなたが手がけているものに、付加価値の魔法をかけてみよう。

どんな奉仕をしますか？

この世に生まれてきたからには、誰かの役に立とう。社会のために何か立派なことを成しとげようと思わなくても、困っている人を手伝ってあげるのもいいし、地域の行事に汗を流すのもいい。他人のためにエネルギーを注げば、自分も満たされていくことが実感できるはずだ。喜ぶ人たちの笑顔が、あなたのエネルギーになる。

魔法の質問
056

2月25日

限界を突破するために何に取り組みますか？

自分のできる範囲でぐるぐる回りつづけても、変化は起きないし、成長もない。自分の限界がイメージできたら、それを突破してみよう。最初は壁の高さに呆然とし、落ち込んでしまうかもしれない。ここであきらめてはいけない。すぐに立ち上がり、ふたたびチャレンジしてみよう。そのくり返しが、限界を突破する原動力になる。

魔法の質問 057

どんなことに熱中したいですか？

小さな目標では、やる気が湧いてこない。そう思うなら、あなたが熱中できる目標を見つけてみよう。その目標に向かって、あなたは脇目も振らず進んでいくはず。他の人から「やったほうがいいよ」と言われたことではなく、自分で生み出した目標であることが大事。いつも「自分軸」で決めるようにしよう。

夢を夢で終わらせないために何をしますか？

あなたの夢はとてつもなく大きい。その夢を夢で終わらせないためにも、今何をするべきか考えてみよう。集中できる場所や時間をつくったり、夢に向かって競い合うライバルを見つけたり、自分の強みを発揮できる環境をつくったり。より良い世界がそこに待っているのだから、夢を現実にしていくしかない。

2 月 28 日

魔法の質問
059

どんな世界になることを想像しますか？

もし「今の世界をあなたの理想通りに変えていい」と言われたら、どんな世界を思い描くだろう。どんな街があって、そこにどんな人たちが暮らしていて、人々はどんな価値観を大切にしているのか。そんな理想の世界を実現するパワーがあなたにはきっとある。そのためには、どんな行動が必要か、あなたなりのストーリーを紡《つむ》ぎ出してみよう。まずは、想像することが大事だ。

魔法の質問

060

2月29日

ピンチをチャンスに変えるために何をしますか?

あなたにピンチが訪れたとき、どのように考えるだろう。「もうダメだ、あきらめよう」なのか、「ピンチを学びや成長の機会に変えよう」なのか。ピンチをピンチのままにしておくのはもったいない。大きな視点で物事を見て、マイナスの状況をプラスの状況に変えていく力を身につけよう。その力があれば、何も怖くはない。

3
月
MARCH

魔法の質問

061

3月1日

ピュアで
あるために
何ができますか？

毎日を惰性《だせい》で生きていると、自分の中にノイズが生じてくる。それが、自分のピュアさを曇らせていく。まわりの目を気にしていると、ひらめきが湧いてこない。あのころのようにピュアでありつづけるためには、何を手放し、どんなスタンスでいればいいかを考えてみよう。純粋な心にこそ、突出したインスピレーションが降りてくる。

3 月 2 日

魔法の質問 062

どんな影響を与えたいですか？

もし、あなたが大きな影響力を持っているとしたら、どんなことに使いたいだろうか。そして、それを何のために、誰のために使うのかも考えてみよう。同じ使うなら、人々を善《よ》き方向に導くようなことに使いたい。その答えが出たら、実際に行動に移してみよう。

魔法の質問 063

3月3日

どんなことに
勘を
働かせたいですか？

考えてもわからないことがある。そんなときは勘に頼ってみよう。「自分は勘が悪い」「当たったことがない」と言う人も、自分の中にふと降りてくるものがあったり、心がざわついたりする瞬間はあるはず。それを理屈抜きで信じ、実行してみると、頭を悩ませていたことの解決の糸口が見えることもある。固定観念や世間の常識は頭から取り払い、自分の勘を存分に働かせてみよう。

魔法の質問
064

自分を信じるためにどんなことをしますか？

自分に関わる人をみんな信じていきたい。でも、それ以上に信じてあげたいのは、自分自身。自分をとことん信じてみよう。そして、世界で一番、自分のことを信じられる自分になろう。自分を信じきれたとき、自信が生まれ、何事もうまくいくようになる。どんな自分だったら、信じられるだろう。どんな行動をすれば、信じられるだろう。

自由にどんなことを創造しますか？

素晴らしい発想がどんどん浮かんでくる自分になろう。それには、いつもの場所で同じことをやるのではなく、はじめての場所ではじめてのことをしてみる。そこで素敵な発想が浮かんできたら、それを現実化することも考えたい。あなたのその創造性が、みんなを喜ばせる源になる。

3月6日

魔法の質問

066

人を
楽しませるために
何をしますか？

エンターテインメントを考えてみよう。誰もが考えつきそうなことをするのではなく、あなたらしい要素をふんだんに加えて。人を楽しませるために、どんな企てをしてみようか？　あなたのまわりの人たちの喜ぶ顔、驚く顔を想像しながら……。

どんなサプライズを起こしますか？

思いがけないギフトをあの人にプレゼントする……。そのための準備をはじめよう。自分が贈りたいものを、ただプレゼントするだけではつまらない。あの人自身も気づいていない、本当に欲しがっているものを贈る。相手のことをあれこれリサーチし、気づかれないようこっそり準備して、心底驚くようなプレゼントを。人は、自分がもらうことよりも与えることのほうが何倍も喜びが大きい。

どんなことを教えたいですか？

一番の学びは、自分が学んだことを人に伝えたとき。インプットだけでは学びにならない。アウトプットしてはじめて身につくのだ。あなたが今までに学び得たことを誰かに伝える。そこにあなたなりの経験を、エッセンスとして付け加えてもいい。あなたの学びは、あなたがそれを得たときより何倍も価値あるものになる。

魔法の質問
069

3月9日

流れに逆らわず
何を起こしますか？

下りのエスカレーターで上に行こうとしてみても、まったく前に進まない。立ち止まると元に戻るので、ひたすら上りつづけるしかない。でも、状況は変わらない。そんなときは、進む向きを変えてみること。向かい風が吹いていたら、その風が追い風になるように向きを変える。流れに逆らわなければ自然に進むだけ。流れに乗って、軽やかに動こう。

3 月 10 日

魔法の質問 070

「ひらめき」を何に使いますか？

ピンときたときこそ行動しよう。どんなに知恵をしぼってもうまくいかなかったことが、ひらめきに従ってみたらトントン拍子に進んだ、というのはよくあること。なぜ、そうしようと思ったか、説明できなくてもいい。頭で一生懸命計算しても、綿密な計画を立てても、その通りにいくとは限らない。そんなときは、ひらめきの力を使い、インスピレーションに従って動き出そう。

何を発明したいですか？

今まで誰も考えなかったこと、誰も気づかなかったこと。そんなことに、あなたは気づくはず。こうなったらいいな、これがあったら便利だな。そんなアイデアをどんどん生み出そう。生活を豊かにする知恵や、生きるのが楽しくなるコツ……。既存のものに、あなたらしい新しい考えをブレンドしてつくりあげてみよう。

あなたにとって理想の生活は？

どんな場所で、どんなものに囲まれて暮らし、どんな人と時間を共にするのか。そんな理想の生活を考えながら、丁寧に、心地よい暮らしをつくりあげていこう。自分が良いと思ったものはどんどん取り入れて、理想の生活を実現する。生活を整えずして、成しとげたいことは実現できない。

自然とつながるためにどんなことをしますか？

あなたの本来の力が発揮できるのは、自然とつながったとき。自然のものと人工のものでは、リズムも発するエネルギーも違ってくる。人工のものに囲まれた状態では、あなたが本来選ばないものを選択してしまうかもしれない。自然に触れれば、より自然な選択ができる。生活の中から人工のものをなるべく少なくし、自然のものと自然な流れを取り入れてみよう。

平等に愛するためにどんなことをしますか？

みんなとチームになって何かを成しとげようとするなら、良い関係を築いていたい。みんなの気持ちが一体化するようにしたい。それは、チームの人すべてを愛することからはじまる。選り好みをしたり、特定の人にだけ優しくしているようでは、うまく機能しない。あなたの夢に関わる人たちに等しく接し、謙虚に振る舞ってみよう。そうすることで、結束力の固いチームができるだろう。

3 月 15 日

心の静寂の中から何が生まれますか？

動いている中で、インスピレーションが生まれてくるという人は多い。でも、本当のインスピレーションは、静寂の中から湧いてくるかもしれない。いつもの場所から離れ、静かな環境に身を置き、心が穏やかになる中で何が生まれるかを感じてみよう。そこで生まれたインスピレーションこそ、今のあなたに本当に必要なものに違いない。

魔法の質問
076

宇宙的視点に立つと何がどう見えますか？

大きな問題に直面して、打開策が見当たらないとき、もっともっと高い視点から俯瞰して見てみると、その問題がちっぽけなものに思えてくることがある。目の前にある大きな岩でさえ、宇宙から見たらホコリのような存在。あなたが今抱えている問題や解決しなければならない課題を、宇宙的視点で眺めてみよう。それをきっかけに、今までとは違う対処の仕方が浮かんでくるかもしれない。

変化を楽しむために何をしますか？

変化がない状態のほうが心地よい。だから、いつもと同じ道を通って駅に向かい、いつもと同じやり方で仕事をし、日常生活を送ってしまう。今までやっていなかったことをすると、ストレスを感じる。でも、変わらないままでは生き残ることができない。変化を受け入れ、楽しもう。変化を恐れるのではなく、変化を楽しむには、どんなやり方で、どんな工夫をすればいいか、考えてみよう。

心の鏡を磨くためにどんなことをしますか？

あなたの「心の鏡」は何を映しているだろう。自分のまわりにある幸せだったり、美しさだったり、輝くものが映っているはず。せっかくの鏡も曇ったままでは、何も映らない。鏡は磨けば曇りが取れてピカピカになるけど、心の鏡は心が清らかにならないとピカピカにはならない。心の鏡を磨いて、自分のまわりにある幸せや美しさがクッキリ映るようにしてみよう。

魔法の質問
079

3月19日

どんなビジョンを掲《かか》げますか？

ずっとずっと先の未来は、どんな世の中になっていてほしいだろう？　これが、あなたの「ビジョン」だ。その達成が間近になったとたんに、次の新しいビジョンが生まれてくる。だから、永遠に達成できない。ビジョンとは、みんなの行く先を照らす灯りのような存在。それがなければ、みんなどこに向かって進めばいいかがわからない。誰かの真似ではなく、あなたオリジナルのビジョンを掲げてみよう。

どんな準備をしますか？

誰よりもすぐに行動する力があなたにはある。それが、あなたの魅力にもなっている。ただ、その素早さが裏目に出るようなことが続いたときは、準備に時間を割いたり、段取りをじっくり考えるようにしてみよう。あなたはその時間をストレスに感じるかもしれない。でも、どれだけ準備できるかで目標が達成できる確率も変わってくる。あなたは何に準備の時間を割くだろうか。

3 月 21 日

どの価値観を捨てますか？

あなたが大切にしたいこと。それは、今までのあなたの経験や、まわりの人から受け取った価値観でできている。そして、今のあなたをつくりあげている要素でもある。人生のステージが上がるとき、違う自分に生まれ変わるとき、今までの価値観を手放し、新しい価値観を取り入れることになる。そうやって、人は成長し、新しいサイクルへと進んでいく。あなたが捨てるのは、どんな価値観だろうか。

魔法の質問
082

どの壁を乗り越えたいですか？

あなたが夢の実現に向かって進んでいる途中、目の前に壁が現れたとしたら……。低い壁なら、簡単に乗り越えられるだろう。でも高い壁だったら、努力したり工夫したりしなければ乗り越えることはできない。この高い壁を乗り越えるとき、人は成長する。壁がなかったら、今までと同じやり方でも進んでいける。そこに成長はない。あなたが乗り越えたい壁は、どんな壁だろう。

3 月 23 日

誰にも知られていない一面は何ですか？

まわりの人たちに、いつも見せている自分。でも、あなたの本当の姿は、それだけではない。きっと、誰にも話したことがない経験や知られていない趣味があるはずだ。実はあなたの友人たちはすでにそれを見抜いていて、そこに力を感じているのかもしれない。あなたの、まだ知られていない力はどんなものだろう？

才能を どんなことに 使いますか？

もし、あなたに誰にも負けない才能が眠っていたとしても、使わないなら、最初から「ない」のと同じ。才能に気づいてなくても、やはり「ない」のと同じ。自分の才能に気づき、それを活かしてこそあなたである。才能をどんなふうに使うか考えてみよう。才能は自分のために使うものではない。多くの人のために、使っていくものだ。あなたは自分の才能をどのように使っていくだろう。

どんな真実を見抜きたいですか？

目に見えるところに真実はない。にもかかわらず、多くの人は「見える」部分だけで物事を判断している。そのため、本質ではないことに影響を受けてしまっていることも多い。それは、もったいないこと。あなたには、真実を見抜く目がある。物事の奥に何が隠されているのか、その意図はどういうものなのか。自らの目で真実を見抜こう。

興味のおもむくままに何をしますか?

「仕事だからこれをしよう」「大人になったから、これをやってはいけない」そんな決め事が、あなたの中にあるだろう。でも、それを守りつづけていくと、あなたの良さはいつまで経っても表れてこない。決め事はいったん頭の中から捨て去り、興味のおもむくままに、好奇心いっぱいに自由に動いてみる。広く浅くでも、深く狭くでもいい。没頭できることが見つかったら、そこに深く潜ってみよう。

熱い気持ちをどんな言葉で伝えますか？

あなたの想いは、人を動かす。でも、想いばかりが先に来てしまうと、相手にきちんと伝わらない。それでは、もったいなさすぎる。人を動かすのは、やはり言葉。「気持ちがあれば言葉にしなくても大丈夫」「言葉にするのはめんどくさい」と感じても、想いを言葉に乗せるプロセスは大事にしたい。

3 月 28 日

魔法の質問

088

考える前に
どんな行動を
しますか？

「さぁ、行動しよう！」と思っても、うまくいかない可能性ばかりを考えはじめ、一歩も動けなくなる。いたずらに時間だけが過ぎていく……。そんなことはないだろうか。そういうときは、まずは一歩を踏み出してみて、あとは行動しながら考えるようにしてみよう。大きく動かなくてもいい。失敗が許されないなら小さな一歩でもいい。考える前に動いてみることが大事。

相手のどんなところを認めて許してあげたいですか？

あなたに、嫌いになった人がいるとしよう。二度と会いたくない。あなたはその人を許すことができない。それは、あなたが自分の気持ちを大切にしているからであり、大事なことでもある。でも、ときには許すことも必要。「相手を許す」「相手を認める」。そうしてはじめて相手の気持ちが見えてきて、心からの関わりを持てるようになるだろう。

楽しくて新しいことは何ですか？

新しいことにどんどんチャレンジしてみよう。それも淡々とするのでなく、楽しい気持ちでするようにしたい。そもそもあなたは、ありきたりなやり方では満足しない人。新しいことにチャレンジするうちに、素敵なアイデアがどんどん湧いてくるはず。仕事においても、日々の生活においても。楽しさと新しさが組み合わさったときに、あなたにしかできないことが達成される。

魔法の質問
091

3 月 31 日

敗北から どんなことを 学びましたか？

「常に勝ちつづけたい」――そう願う人は多いだろう。得られることがたくさんあるからだ。では、負けたら得られるものはないのだろうか。いや、もしかしたら負けたほうが得られるものが多いかもしれない。学びや成長の種が、敗北にはたくさん眠っているからだ。過去の「負け」でもいい。そこに種を見つけたら、ぜひ育ててみてほしい。きっと、あなたは誰もかなわない存在になる。

4
月

APRIL

092

4月1日

どんな未来を大胆につくりたいですか？

簡単に実現できそうな未来なんて面白くない。自分の未来をもっともっと大胆に描いてみよう。スケールは大きく、中身は細かく、かつ詳細に。実現できるかどうかなんて、今は考える必要はない。むしろ、多くの人が不可能と思っているくらいの中身でちょうどいい。そんな未来が描けたとしたら、あたかもその中で生活をしているかのごとく行動してみよう。大きな目標も、まずは最初の一歩から。

093

4月2日

自分のどんなところを評価したいですか？

自分自身のことを評価してみよう。「最近の自分はちょっとイマイチかな」と思ったとしても、低く評価するのはやめて、高く高く評価してみよう。「今の自分は何ができているのか」「以前よりうまくいっていることは何か」「どんなところが成長しているか」……。そんなところに意識を向けて、大いに過大評価してみよう。

094

4月3日

マイナスのエネルギーを
プラスに転換させるために
何をしますか？

あなたにとって、「マイナスな感情」とはどんなものだろう？　怒り？　悲しみ？　憤《いきどお》り？　そんなマイナスの感情をプラスの感情へと変化させてみよう。マイナスな感情も、心の持ち方次第でプラスの感情へと変換させることができる。そのことを実感してほしい。

095

4月4日

どんなことにじっくり時間をかけますか？

サクサクと物事を進める人を見て、うらやましく思う人は多いだろう。でも、スピードがすべてではない。物事をじっくり時間をかけて進めてみる。速さより「堅実さ」「着実さ」。目標が大きければ大きいほど、その点が問われてくる。あとで、結局はそれが一番近道であることがわかるだろう。

096

4月5日

より自然体であるために何をしますか？

いくら自分で「こうする！」と決めても、自然の流れには逆らえない。途中でうまくいかなくなったり、大きな力に飲み込まれたりするのはよくあること。自然体とは、「自分の素を大事にする」という意味もあるが、「自然の流れに乗る」ということでもある。無理をするのを手放して、自然な流れ、大きな流れに任せてみよう。型にはまることなく、自由気ままに生きていれば、自然と流れに乗れるはずだ。

どんなことを深く見たいですか？

物事の表面上の部分にとらわれていると、本来とるべき行動がとれなくなる。そんなときは、目に見えるところだけではなく、奥の部分を深く見つめてみよう。それはどんな要素で構成されているのか？　どんな成り立ちなのか？　それらを根本から知り、見つめ直すことによって、本質が理解できるようになる。いっときの流行ではなく、時代の波に流されない本質に目をこらすようにしよう。

098

4月7日

本当に
やりたいのは
どんなことですか？

人から言われたことは、あまりしたくない。強制されると、反発したくなる。かといって、やる気がないというわけではない。そんな天邪鬼《あまのじゃく》な心理状態におちいることはありがちだ。本当にやりたいことを早く見つけてみよう。自分がエネルギーを注ぐに値することを見つけ、それを最後までやり抜く。といっても、ときには力を抜くことも忘れずに。

099

4月8日

どんなビジョンを描いてみせますか？

ビジョンを描く。あなたはこれまでに何度もやってきたことかもしれない。でも、あなたがやるべきことは、ただ描くだけではない。描いたビジョンをまわりの人に積極的に見せてあげよう。それがどんなに価値のあることなのか、どんなに魅力的なものなのか。そのストーリーを、みんなは待っている。

100

4月9日

夢を あきらめないために 何をしますか？

夢はただ見るためにあるのではなく、実現するためにある。でも、夢のハードルが高すぎると、なかなか達成感を味わえない。自分では進んでいるつもりでも、振り返るとあまり進んでいないようなとき、途中であきらめてしまいたくなる。そんなときでも、「決して夢をあきらめない」という姿勢を保ちつづけよう。自分がやってきたことを振り返れば、着実に進んでいることがわかるはずだ。

当たり前の日常にどんな喜びがありますか？

非日常な出来事に人は憧れる。いつもと違う時間を過ごし、ふだん経験できないようなことを味わってみたい。それらは、単調な暮らしに刺激を与えてくれる。でも、本当に大切なのは、ふだんの何気ない暮らしである。日々の暮らしの中に、どんな喜びがあり、どんな豊かさがあるのか、それを積極的に発見してみよう。日常に喜びを感じていられれば、あなたの人生はいつでも豊かさに満ちあふれる。

102

4月11日

どんなことを引き寄せたいですか？

あの人に会いたいと思っていたら、本当に会えることになった。「欲しいな」と思っていたものが、突然手に入った。そんな「引き寄せ」の経験はないだろうか？あなたが今引き寄せたいものを、心に思い描いてみよう。ただし、何でもよいわけではなく、本当に手に入れたいものだけにしぼってほしい。いらないものを引き寄せることはないのだ。

103

4月12日

どんな調和を図りますか？

チームで物事を進めるとき、メンバー同士がぶつかったり、感情がすれ違ったりすることがある。人の数だけ考え方に違いがあるから。そんなとき、あなたは、調和を図るようにしよう。時間をかけて話し合う。じっくりと話を聞く。その上で、非があるほうには相手への謝罪を促す。こうした動きが、チームの調和、ハーモニーへとつながっていく。あなたは、どんなふうに調和を図ることができるだろうか。

104

4月13日

どんな
未来の兆《きざ》しを
感じますか？

こんなことが起きるんじゃないか？　そう思っていたら、予想が的中した。そんな経験はないだろうか。未来を正確に予測するのは不可能だけど、起きそうなことのサインをキャッチするくらいはできるかもしれない。あなたの勘を研《と》ぎ澄まし、未来につながるほんの少しの変化や兆しを感じてみよう。それを元に行動してみるのもいい。

105

4月14日

人一倍がんばっているのはどんなことですか？

がんばっている姿を、あまり人には見せたくない。そういう人は、自分ががんばっている姿を自分の目でちゃんと見てあげよう。あなたは、がんばっている、努力している、よくやっている、十分やっている。そのことを一番知っているのは、他ならぬあなた自身。あなたはもっと誇りを持っていい。

106

4月15日

どんな才能を持っていますか？

才能は「1人につき1つ」とは決まっていない。いくつもの才能を持つ人はたくさんいる。あなたの持っている才能たちがどんなものか、見つけてみよう。どんなことを学んできたか？　どんな経験をしてきたか？　人に教えたいと思っていることは何か？　特に努力しなくても、すぐにできてしまうことは何か？　それらはすべて才能の種。自分が多才であることを知り、その才能を活かすようにしよう。

107

4月16日

失敗が成功につながったのはどんなことですか？

失敗というのは、人にはあまり話したくないもの。でも、今成功していることのいくつかは、失敗が元になっているものも多いはず。「今のこの成功は、過去のどんなことにつながっているのか」と、自分に問いかけてみよう。それは、うまくいかなかった経験を克服した賜物《たまもの》かもしれない。表面的には失敗に見えても、間違いなく成功の元になっている。失敗を恐れずチャレンジして、経験を積んでいこう。

どんなことをオープンにしますか？

自分の考えや意見をまわりに伝えるのは苦手……。でも、友人や仲間に考えや意見を理解してもらわなければ、関係は強くならない。夢や目標に向けての一体感も深まらない。オープンにしたからといって必ず絆が深まるわけでもないが、それでも、自分のことをオープンにするのは大事なこと。誰に何と思われようと、自分の考えや意見をまわりに積極的に開示してみよう。

変化の兆しはどんなものですか？

繊細であることは、才能の１つ。人より感じとれるものが多いということだからだ。それゆえに、世の中や時代、そして自分を取り巻く世界のわずかな兆しもキャッチできる。あなたはその才能を活かし、まわりにどんな変化の兆しが芽生えているかを感じてみよう。その兆しを人より早く見抜くことが、夢の実現にきっとつながる。

110

4月19日

フタをしていたのはどんな情熱ですか？

もう、熱い気持ちは持てない……。そんなふうにあきらめの境地に至ってしまったということはないだろうか。けれども、心の奥深いところではまだまだエネルギーがふつふつと煮えたぎっているはず。今はちょっと疲れて、フタをしているだけ。情熱をふさいでいるフタを取り去ってみよう。昔やりたかったことを思い出すことが、その助けとなるだろう。今からでも遅くはない。さっそく取りかかろう。

111

4月20日

どんな「好き」を選びますか？

やることの選択肢が目の前にいくつかあるときは、「やったほうがいいかも」「正しいかも」と思うことを基準にしがちだ。でも、これからは「自分が好きかどうか」を基準に選択してみよう。いくら価値あるものを選んだとしても、それが本心から好きでなければ長続きしない。好きなものであれば、夢中になって誰よりも早く身につけることができるだろう。

112

4月21日

自分の
どの気持ちに
素直になりますか？

あれも欲しい、これも欲しい……。そういう気持ちって贅沢《ぜいたく》なのか？　いやそんなことはない。もっと自分の気持ちに素直になろう。欲しいものは全部手に入れ、知りたいことは全部知り、やりたいことは全部やる。つまり、望むものは、すべて手に入れるのだ。そのための努力を惜しまず、素早く行動しよう。

どんなことを分かち合いたいですか？

絶景を見ても、美味しいものを食べても、１人だと、うれしさも１人分。でも、分かち合う人がいれば、その数だけ喜びやうれしさは何倍にもなる。自分が「いいな」と思ったものは、誰かとシェアしてみよう。素晴らしい体験をしたら、今度は友人たちを誘ってみる。役に立つ知識があれば、みんなに教えてあげる。分かち合うほどに、どんどん豊かになれる。

114

4月23日

元気にしてくれるストーリーは誰のストーリーですか？

誰かのサクセスストーリーを読んでみよう。尊敬している人でもいいし、有名人でもいい。うまくいっている話や経験談には、あなたに活力を与えてくれたり、成功に導いてくれるヒントがたくさん埋まっている。すべてを参考にする必要はないが、1つか2つでも真似てみれば、あなたの行動に変化が生じるだろう。あなたは誰のサクセスストーリーを読んでみたいだろうか。

115

魔法の質問

4月24日

あなたの生きる姿勢はどんなものですか？

あなたはどんな生き方をしたいのか？　あなたの人生にとって何が一番大事か？それをじっくり考えてみよう。考えて考えて、おぼろげに答えのようなものが見えてきたら、それを軸に現実から目を背けず、真摯《しんし》に生きていく。そして、その姿をまわりの人に見せるようにする。共感してくれる人や応援してくれる人が、きっと現れるはずだ。

116

4月25日

その出来事はなぜ起こっていますか？

トラブルが生じたとき、どんなことを感じるだろうか。「なんでこんなことが起こったんだろう」「私はついていないのかな」。でも、起こることはすべて必然と考えてみる。なぜ、このタイミングでそれが起こったのか？　その出来事からあなたが受け取るメッセージはどんなものか？　それをポジティブに変換する必要はない。メッセージをただキャッチして、それを今後に活かしていこう。

117

4月26日

他人との違いから何を学びますか？

地球上隅から隅まで探しても、まったく同じ人はいない。でも、そのことを忘れがちで、つい他人を自分と同じと考えてしまう。そして、自分と違うことに腹をたてたり、苛《いら》立《だ》ちを覚えたりする。けれども、違うことは当たり前のことであり、尊いこと。自分と他人との違いからどんな学びがあるか、考えてみよう。「違い」には「学び」しかない。自分の持っていないものを持っているということだから。

どんなものが見えていますか？

同じものを見ていたとしても、人によって見え方がまったく違う。表面だけ見える人もいれば、奥まで深く見える人もいる。あなたが今関わっているもの、今取り組んでいるものが、自分の目にどんなふうに映っているか、考えてみよう。そのとき注意したいのは、全体を見て、さらに本質にも目を向けること。そうすれば、あなたにしか見えないものが、きっと浮かび上がってくるはず。

119

4月28日

自分に
どんな投資をしますか？

投資と聞いて、思いつくのはどんなことだろう。株式、不動産、仮想通貨……。ここであなたが投資すべきものは、そういうものではない。自分への投資だ。知識や技術、そして経験。それらは、投資した何倍ものリターンとなって、あなたに返ってくる。そのリターンは、人に分け与えるなどして、循環させるようにしよう。

120

4月29日

どんな愛をまわりに与えますか？

自分が満たされることは必要だが、自分だけ満たされても、まわりは幸せにならない。まわりが幸せにならないと、結局は自分も幸せになれない。あなたの愛をシャンパンタワーのようにあふれさせてみよう。あふれだした愛を家族へ。あふれだした家族への愛を友人や仲間たちへ。愛は分け与えても減らない。いや、与えれば与えるほど増えるのが愛である。

121

4月30日

どんな無駄を楽しみますか？

仕事の場合は、無駄な時間を省いて効率的に進めたい。でも、プライベートは違う。効率を優先させると、つまらなくなる。プライベートでは無駄を省こうとするのではなく、無駄なことをして、その時間をゆっくりじっくり味わってみるようにしよう。無駄な時間は、心にゆとりがないと楽しむことはできない。あなたにとって、無駄な時間とはどんな時間だろうか。

5月

MAY

122

5月1日

どれを優先したいですか？

次々にチャレンジしたいことが生まれてくる。それは、とても良いこと。同時進行を目指してもいいけど、実際に進めることができるのは1つだけ。いったい、どれを優先させるか。自分なりの優先順位のつけ方をルール化するのもいい。それに従って意思決定すれば、今後迷うこともなくなるだろう。

123

5月2日

何に一番時間を費やしたいですか？

目先のことに翻弄《ほんろう》されず、何に一番時間を費やすべきか、考えてみよう。やるべきことは次々にやってくる。忙しくなるのも仕方がないこと。でも、だからこそ、一番時間を費やすべきものに、持てる資源のすべてを注ぐことにしよう。

124

5月3日

遊びのように取り組みたいのはどんなことですか？

まじめなことを、ただまじめにやってみても、面白くないし続かない。まじめなことに、遊びの要素を入れて楽しく取り組んでみよう。知恵をしぼってアイデアを盛り込むことで、まじめで難しいことでも、まるで遊びのように変化させられる。どんな要素を加えるのか、どんなルールをつくるのか。あなたなりの工夫をこらしてみよう。

5月4日

心を より広くするために 何をしますか？

ふだんよりも心を広く持つようにしよう。狭い心では、ちょっとしたことに怒りを感じたり、イライラしたりしてしまう。でも、広い心を持てば、ちょっとやそっとで動じなくなる。軸がブレなくなる。興味の枠を広げてさまざまなタイプの人たちと関わってみると、心にも行動にも幅が出てくる。心の広さと未来の可能性は、比例しながら増えていく。

オリジナルの価値観はどんなものですか？

みんなが「良い」と言うものが、必ずしも本当に価値のあるものとは限らない。世間の価値観はいったん脇に置いて、あなたが本当に価値があると思うものを選んでみよう。誰に何と言われようと、価値観の基準はあなた自身にある。そのことを理解していると、ブレることは少なくなる。前例や先入観にとらわれず、自分の価値観を信じよう。

5月6日

心と体のバランスをとるために何をしますか？

心で感じていることと、自分の行動との間に、ギャップはないだろうか。頭で考えていることが先走って、体が追いついていないこともある。反対に、体を整えてみても、そこに心がともなわないときがある。心と体が一体になってこそ、安定した状態でいられる。心と体のバランスを心がけてみよう。心と体のバランスをとるために、できることはなんだろう。

128

5月7日

誰とコラボレーションしたいですか？

1人でがんばってみても、限界はやってくる。誰かに協力を求めてみよう。自分に足りないところを持っている人と組んでもいいし、自分の強みを活かしてくれる人と組んでもいい。どちらも意識したいのは、「フラットな関係」であること。そして、「役割を分ける」こと。そこに気をつけていれば、最強のタッグが組める。自分の可能性を広げてくれる人たちと、どんどんコラボレーションしていこう。

129

5月8日

どんなエゴを捨てますか？

何でも取り入れるまっさらな心は、あなたを成長へと導いていく。しかし、生まれたときはまっさらでも、年をとるにつれて自我が生まれる。それが自分の魅力になっていることもあるが、可能性を邪魔していることだってある。自分自身をもう一度リセットしてみよう。古い習慣や常識を一つひとつ手放していく過程で、自分のエゴが浮き彫りになってくる。それを捨てることから、さらなる成長がスタートする。

130

5月9日

エネルギーを循環させるためにどんなことをしますか?

自分が喜ぶこと、楽しいこと、豊かと感じること、それらを追求してみよう。自分の中からエネルギーが湧いてくるのを感じることができる。その溜まったエネルギーを、まわりの人に分け与えることで循環させていこう。あなたが楽しんだ以上にまわりを楽しませる。受け取った分より少しだけ多くエネルギーを放つことで、返ってくるときにはより大きなものになっている。

131

5月10日

先人から学んだのはどんなことですか？

誰も思いついたことのないことを発見してみたい。でも99㌫はすでに誰かが伝えていたり、すでに世に発表されたものである。だとしたら、先人に学んでみよう。過去の偉人は、後世の人たちに役立てるために自分が学んだことや発見したことを書物などに著《あらわ》して伝えている。その知恵を受け取り自分に活かすのである。無駄な努力などないが、努力しなくてもすむことは、過去から学ぶようにしたい。

132

5月11日

安心できる領域を広げるためにどんなことをしますか？

ここに帰ってくるとホッとする。何も考えずリラックスできる。そんなあなたの安心できる場所はどこだろう。自分にとっての安全地帯があれば、そこを基点に、どんなことにもチャレンジできる。１つでなくてもいい。自分の安全地帯を１つずつ増やしてみよう。

魔法の質問

5月12日

どんなことの専門家になりたいですか？

あなたはどんなことの専門家だろうか。今までの人生を振り返れば、答えは自ずと見えてくるだろう。今まで一番時間をかけたのはどんなことか？　今まで一番お金をかけたのは何か？　その答えを自問してみる。答えが見つかったら、1日10分でも20分でもいい、その分野を深く勉強していけば、短期間で専門家になることができる。あなたの可能性はまだまだ尽きることがない。

134

5月13日

実現したいのは
どんな理想ですか？

誰もが自分の理想を掲げることはある。ただ「理想は理想のままでいい」と言う人もいれば、「理想のままでは意味がない」と言う人もいる。やはり、夢や理想は実現してこそ意義がある。夢や理想の実現に向けて動き出そう。日々の積み重ねによって目標をクリアし、社会での実績を積みあげていく。こうして、頭の中で描いた理想を、行動によって現実のものにしていこう。

135

5月14日

まわりに何を与えますか？

求めることよりも与えることを意識してみよう。自分を一番大事にしたいけれど、「この行動は誰かのためになっているか?」「目の前の人を幸せにするために何ができるのか?」という問いを、常に自分に投げかける。それをくり返しながら人に与えつづけていくと、やがて何倍もの大きさとなって自分に返ってくる。

136

5月15日

どんな作品を公開したいですか？

あなたが生み出すものは、どんなものでも作品。作品といっても、芸術作品というわけではない。考え方でも行動でも、そこにあなたの個性や生き方が詰まった〝結晶〟としての作品ということだ。自分の考えや行動を、１つの作品として見てみよう。そういう視点を持つことで、仕事や生活への取り組み方も変わってくる。世の中にあなたの作品をどんどん生み出そう。

魅力を輝かせるためにどんなことをしますか？

誰でも魅力を持っている。磨けばどんどん輝きを放ってくる。反対に、磨きつづけないと、どんどんくすんでいく。素質や経験を活かすことで磨かれることもあれば、人との関わりを通して磨かれることもある。こうして磨いた魅力は、人のために使っていこう。

どんな新しさを取り入れますか？

テクノロジーがどんどん進化している今、これまでできなかったことが、実現できるようになっている。イノベーションが起きているのは、テクノロジーの分野だけではない。人の心や感情においても、イノベーションともいうべき新しい考え方が日々生まれている。そして、それらは若い世代の人たちによってもたらされている。自分より若い人たちの新しい考え方を柔軟に取り入れてみよう。

139

5月18日

どんなストーリーで成功したいですか？

自分のサクセスストーリーを描いてみよう。計画を考えるよりも、構想を練るよりも、まずは成功へのイメージを頭の中で物語にしてみる。主人公はもちろん、あなた。舞台は、今あなたがいる場所。今の状況と現時点での可能性は、一度頭から取り払って、自由に好きなようにストーリーをつくってみる。思いきってドラマティックなストーリーにしてみるのもいい。あとは、それを実現していくだけだ。

140

5月19日

「好きなことだけやっていい」と言われたら何をしますか？

社会で生きていくためには、嫌なこともやらなければならない。でも、これからの時代は、好きなことだけやっていても生きていけるようになる。好きなことは、誰かに指示されなくても、すぐに取りかかれるはず。そして、誰よりも優れた成果をあげることができるだろう。好きなことで成功できる人がたくさん増えてくれれば、今よりもっと素敵な世の中になるに違いない。

141

5月20日

慎重さをどんなことに発揮しますか？

石橋を叩きすぎたら、壊れてしまった……。でも、それくらいの慎重さがあってもいい。物事の良いところだけを見て突っ走る人だけが、成果を出せるわけではない。あらゆるリスクを考慮に入れ、すぐには行動を起こさず、ベストのタイミングをじっと窺《うかが》う——そんな慎重さが、あなたを成功へと導くこともあるのだ。あなたは、その慎重さをどんなことに発揮するだろうか。

142

5月21日

好奇心のおもむくままに何をしますか？

好奇心のおもむくままに行動してみよう。何かをやっている途中で、違うことに興味が湧いてきたら、それを放り投げてでも、新しいことに取り組む。中途半端でもいい。とにかく、好奇心とそこから生じるエネルギーの強さを大事にする。このように、いろいろなことに好奇心を持ちつづけられるからこそ、あなたは新たなアイデアを生み出すことができる。何かを成しとげるには、好奇心がとても大事だ。

143

5月22日

インスピレーションを生むためにどんなことをしますか？

インスピレーションは、どんなときに、どんな場所で生まれてくるのか。「散歩しているとき」、それとも「お風呂でリラックスしているとき」？　それらを、最も深く思い出してみると、共通点が浮かび上がってくる。あなたのインスピレーションが最も生まれやすい場所、生まれやすい環境に、なるべく長く身を置こう。素敵なアイデアも、困難な課題も、あなたのインスピレーション１つで解決できる。

144

5月23日

大事にしたい礼儀は何ですか？

親しき仲にも礼儀あり。プライベートなことを相談し合える仲でも、素の部分を見せ合える間柄でも、敬意と礼儀だけは忘れないように。いつにも増して礼儀正しく振る舞ってみよう。礼儀作法には、その一つひとつに行う意味がある。それを踏まえ、状況や場面に応じて適切に振る舞うことで、あなたに対するまわりの信頼感は増していく。

魔法の質問

うまくいくために どんなことを シミュレーション してみますか？

あなたが今やっていることを成功させるために、ゴールまでの過程をシミュレーションしてみよう。1つの工程に30分かかるなら、シミュレーションにも30分かける。その過程で頭の中で起きた問題は、現実でも同じように起こる可能性が高い。でも、事前にシミュレーションをしているから、慌てずに対処することができる。そのためにも、ショートカットなんてせず、一つひとつ現実と同じように行おう。

困難を困難と思わないために何をしますか？

長い人生においては、何度も困難がやってくる。トラブルも障害もない人生なんてない。ただ、それらに直面するたびに落ち込んでいたら、前には進まない。困難にブチ当たっても、それを困難と思うことなく、どんどん突き進んでみよう。困難を「学びの機会」と捉えてもいいし、チャンスと捉えてもいい。大小を問わず必ずやってくるものなので、いつでも対処できるよう心がまえはしておこう。

自分らしい仕事はどんな仕事ですか？

あなたにとって、「自分らしい仕事」とはどんな仕事だろう。自分の資質を活かした仕事、自分が好きで得意な仕事、苦もなく取り組める仕事……。これまでにたくさんの努力を重ねてきたあなただから、きっとできることがたくさんあるだろう。その中でも、自分らしい仕事とは何かを常に考え、リニューアルしていこう。

148

5月27日

何を分け与えますか？

豊かさは、人と分け合うことで喜びに変わる。自分の中だけに囲い込んでいても、喜びは生まれない。自分が得た豊かさを人にどんどん分け与えてみよう。それには、人のために何かをしてあげること。「あの人のためなら」と思うと、俄然やる気が湧いてくるもの。どんどん得て、どんどん与える。このくり返しが、豊かさの循環をつくる。

理解者を大切にするためにどんなことをしますか？

あなたが大切にするべきは、あなたを理解してくれる人。その人はいつもあなたの近くにいるだけに、特別な存在と気づきにくい。いなくなったときに、はじめて特別と気づく。でも、それでは遅すぎる。あなたのことを理解してくれる人に、敬意を払い、感謝の気持ちを伝えてみよう。身近な人のことほど、実は知らないことも多い。いつもより深く関心を持って接し、相手が喜ぶことをしてあげよう。

自分の世界に熱中するために何をしますか？

他のことが気になり出すと、今やるべきことが進まなくなる。そうならないよう、周囲の雑音をシャットアウトしてみよう。目の前にあるものは、自分の世界だけ。そして、その世界にいかに没頭するかを考えよう。まわりで何か起きても、まったく耳に入ってこないくらい没頭できる状況をつくろう。自分の世界にのめり込めばのめり込むほど、自分だけの道を突き進むことができる。

人生をどんなゲームにしたいですか？

自分の人生をゲームに見立ててみよう。ゲームは、プレイするのも楽しいけれど、つくるほうがもっと楽しい。主人公であるあなたが成長し、仲間ができ、変身し、思いがけないアイテムが手に入る……。その過程を思い描くだけでも楽しい。途中良いことばかりが起きるわけではなく、悪いことも起きるのだが、そうでないと逆に面白くない。あなたならではの最高傑作のゲームをつくってみよう。

152

5月31日

次は
どんなことを
探究しますか？

知らないことを知るのは楽しい。新しいことをどんどん学ぼう。１つのテーマを深く学んでもいいし、いろいろなジャンルを広く浅く学んでもいい。それを交互にくり返していくことで、あなたの知的好奇心は満たされ、あなたはどんどん成長していく。

6
月

JUNE

153

6月1日

他の人と違う何を求めますか?

「特別な存在」でいることを心がけよう。みんなと同じステージに立つのではなく、まったく違うステージに立つことをイメージする。そのためにも、みんなが「正しい」と言うことに耳を傾けることなく、「言わなくても、わかるよね」という暗黙の常識に従うことなく、自分の理想に向かって脇目も振らずに進むようにしよう。あなたにとって、他の人が求めることのないものとは、どんなものだろうか。

154

6月2日

どんな才能を発揮したいですか？

何かに取り組もうとするとき、それをやることの目的や意味から考える人もいるだろう。でも、単に「それをやりたいからやる」「それができる才能があるからやる」というスタンスでやるのもいい。自分が「生まれつき持っている才能」を確認してみよう。他の人にはない、優れた素質を再確認するのである。豊かな才能をいくつも持っているあなたは、それを、ただ使ってみるだけでいい。

本当にわかり合えるためにどんなことをしますか？

人が人と本気で向き合おうとするとき、ただつながっているだけの関係では満足できない。あなたが求めるのは、本当にわかり合える関係性。そのためには、自分自身の内側をもっと知ることが必要。相手がどんなことを考えているかも知りたい。相手をよく観察し、相手の言葉の奥の意味を受け取ってみよう。そうしてお互いの想いを伝え合うことができたとき、本当にわかり合える関係になる。

156

6月4日

どんな話をしますか？

「あなたの話を聞きたい」——そう思う人はたくさんいる。では、どんな話をしようか？　誰でも知っているようなことではなく、あなたにしか話せないこと。実はみんな、それを聞きたがっている。自分にしか話せないことは何か考えてみよう。あなたが今までに獲得してきた知識ではなく、生きてきた人生を通して感じたことを、自分の言葉で語るようにしよう。

157

6月5日

みんなに伝えたいのはどんなことですか？

言葉にはたくさんのエネルギーが詰まっている。人を動かすこともできれば、人を変えることもできる。そんな言葉の力を使いこなしてみよう。あなたの役割は、1人の前で話すことではなく、大勢に伝えていくこと。あなたが多くの人々に伝えたいことはいったい何だろう。あなたの話に、人は魅了されていく。

あなたの味方になってくれるのはどんな言葉ですか？

ある言葉を発すると、元気になってくる、やる気が湧いてくる、ホッとする。あなたには、そんな言葉があるだろうか。「大丈夫だよ」「いつもがんばっているね」「きっとできる」「きっとよくなる」「うまくいっている」……。自分がポジティブになれる言葉を準備しておこう。その言葉を、声に出してみるのもいい。そうすると、その声に一番近い自分に最も響くはずだ。

159

6月7日

どんなパーティーを開催しますか？

人が集まり、楽しんで語り合う。そこには気のおけない仲間たちがいて、あなたを囲んでいる。そんなパーティーを企画してみよう。人が楽しんでくれるのはもちろんだけど、一番楽しく感じるのはあなた自身。そんなパーティーが理想的だ。

6月8日

どんな捉え方をすれば成長できますか？

仕事を任されたとき、「上司に言われたから」と答える人よりも、「会社を良くしたいから」と答える人のほうが成長する。「会社を良くしたいから」と答える人よりも、「世の中を良くしたいから」と答える人のほうが、成長もするし、人から応援もされる。今取り組んでいることを、どのように捉えるかで、成長の度合いは変わり、まわりの環境も変わっていく。大きな視点で自分の取り組みを捉えなおそう。

161

6月9日

自分をどのように褒《ほ》めますか？

人に褒められるのはうれしい。でも、人の評価を気にしてばかりいると、少し褒めてもらったくらいでは満足できず、いくらがんばっても充実感が得られない。ときには、自分で自分の良いところを見つけ、自分を褒めちぎってみよう。それも、とびっきりの褒め言葉で。「自分にはこんなにたくさんのいいところがあったんだ！」と再確認できる１日になるだろう。あなたは、どんな言葉で自分を褒めるだろうか。

6月10日

アクティブに取りかかりたいのはどんなことですか?

自分がやりたいと思ったことにアクティブに取りかかってみよう。あなたは、人の何倍も精力的に動くことができる。だから、ためらうことなく、知力も体力もフル回転しながら動きつづけたい。動くことで見えてくるものもあり、動くことでしか成果も得られない。ただ、体が発する「休みのサイン」はきちんとキャッチし、しっかり休息をとろう。それが終わったら、また活動。

163

6月11日

心に
どんな栄養を
与えますか？

健康的な体を保つには、適切に栄養をとらなければいけない。でも、栄養が必要なのは、体だけではない。心を健やかに保つためには、心に栄養を与えることも必要。栄養とは、読書、映画・絵画鑑賞、気のおけない友人とのおしゃべり……。もし、あなたの心がカラカラの状態だったとしたら、まるまる１日、栄養を与えつづけてもいい。

164

6月12日

想像を超えた「創造」はどんなものですか？

想像とは、あなたのイメージの範囲内にあるもの。その枠を飛び越え、今までの経験や常識にとらわれず、想像を超えた創造を生み出そう。あなたが描いているものが、はじめの想定よりスケールが大きくなっていったとき、この先どんなものになっていくのか、改めて考えてみよう。自分の想像を超え、まわりの想像も超えるものは、きっとオリジナリティあふれる「創造」になるに違いない。

165

6月13日

見返りを求めずに
したいのは
どんなことですか？

あなたが誰かにギフトをするとき、別にお返しを望んでいるわけではないのだけど、心のどこかでそれを期待していることはないだろうか。だから、お返しがないと、心の中でもやもやわだかまりが生まれてしまう。でも、本当のギフトとは、最初から見返りのことなど頭になく、あなたが気持ちよく相手に与えることができるもの。純粋に相手が喜ぶ姿を想像して、ギフトをしてみよう。

166

6月14日

失敗からどんな軌道修正をしますか？

失敗から学んだことを元に軌道修正をしてみよう。「失敗なんかしたことがない」という人も、忘れているだけで、細かいミスはたくさんしてきたはず。それをしっかり思い出し、今のやり方で間違いないか、もう一度確認をしてみたい。うまくいかなかったということは、「その方向ではない」ということ。こうして、向かうべき道へのズレが少しずつ修正されていけば、大きな失敗はなくなっていく。

逆境を克服するためにどんなことをしますか？

あなたの前に、いきなり高い壁が立ちはだかった。せっかく、ここまでうまく進んでいたのに……。あきらめる前に、その壁を自分で乗り越える方法を見つけてみよう。視点を変えてみるのもいいし、いつもと違う行動をとるのもいい。壁に正面からぶつかるのではなく、いったん受け入れてから、乗り越える手段を探す。それには、まず、その壁の存在をプラスに捉えるようにしてみよう。

168

6月16日

チャンスを受け取る準備はできていますか？

チャンスは突然やってこない。準備を怠《おこた》らない人のところにやってくる。チャンスがいつ来ても最大限に活かせるように準備を整えておこう。夢を実現するためのチャンスとはどんなものか？　それをうまく活用するにはどうすればよいか？　今から出来得る限りの準備をしておこう。準備が整ったときに、チャンスはやってくる。

169

6月17日

次は
どんな転機が
ありますか？

人生に大きな変化をもたらすような転機が、これまで何度あっただろう。きっと転機が訪れるたびに、人間的に成長したり、飛躍を遂《と》げたはず。そして、その過程で、自分らしさを確立していっただろう。次に来る転機はどんなものになるか、じっくり考えてみよう。環境が変わる、役割が変わる、場所が変わる、考え方が変わる……。転機の先に、あなたはどんな人生のビジョンを描くだろうか。

まわりを楽しませるためにどんなことをしますか？

あなた自身の共感する力を活かし、相手が何をしたら喜ぶのか察してみよう。あなたは人を楽しませる才能の持ち主。人々に喜びを与えながら、自分も楽しんで生きていける人。そのときどきのあなた自身のテーマやまわりに集まってくる人によって、相手に何をしたら喜んでもらえるかはまるで違ってくる。それを考えるのも、あなたにとってまたワクワクすることだろう。

171

6月19日

まわりのどんな声に応えますか？

自分のやりたいことだけをやっていても、まわりがそれを求めているとは限らない。まわりの要求を察し、それに応えてあげることが大事。まわりの要求を察するには、まわりの声に注意深く耳を傾けること。それは言葉で発せられることだけではない。心の奥の、声にならない声をすくい取ること。それができれば、あなたはどんなときでも、どんな場所でも、まわりに必要とされる人でありつづけるだろう。

172

6月20日

自分とまわりとの最適バランスは？

自分のことを大事にしたい。自分のリズムで、自由に生きていきたい。まわりのことを大事にしたい。まわりのリズムを尊重しながら生きていきたい。どちらも大事なことだけど、両者は相反する生き方である。けれども、あなたは両者の間で最適なバランスをとることができる。自分に偏りすぎることなく、まわりに流されることなく、バランス良く生きていくようにしよう。

173

6月21日

みんなで どんな協働を したいですか？

みんなで何かを創りあげるとしたら、どんなものがいいだろう。１人ではできないものを創造したいし、何より、みんなが楽しみながら関わりあえるものがいい。それぞれが自らの役割を発見し、１つの目標に向かって自然に進んでいく。みんなが協働すれば、実現できないものはない。

魔法の質問

素直な気持ちになるにはどんなことをしますか？

うまくいく人には、素直さがある。素直な気持ちでありつづけることは、簡単なことではないが、素直さが人との調和を生むし、自らの成長につながることにもなる。プライドや羞恥心を捨て、自分にとことん素直になってみよう。相手に対して思ったことを率直に伝えてみる。内容によっては、相手が怒ったり傷ついたりすることがあるかもしれないが、あなたの素直さで相手は最終的に理解してくれるはずだ。

175

6月23日

自分を心底
理解するために
どんなことをしますか？

近くにあるものほど見えにくい。最も自分の近くにあるものは、自分自身。自分が一番わかりにくいのだ。自分の心の声に耳を傾けて、気持ちを感じてあげよう。それには、自分の時間をたくさんとるのが一番の近道。

大切な相手とどんな対話をしますか？

大切な相手とは言葉に出さなくても以心伝心で通じあえる……とは、なかなかいかない。時間をたっぷり共有しているはずなのに、相手について知っていることは案外多くはない。一番長い時間一緒にいる人のことをもっと知るために、たくさん会話をしてみよう。ただの会話でなく、お互いの想いを共有しあえるような対話を心がけたい。

177

6月25日

心が素直に感じたのはどんなことですか？

誰でも感じたことや頭で考えたことを言葉にしようとする。しかし、その過程で余計な〝変換〟が起こり、最初とは違う内容になってしまうのはよくある話だ。そのために、感じたことを思考や言葉に移すことは自ら禁じ、そのまま受け止めるようにしてみよう。今までの経験や知識も、感じたことに足してはいけない。感じたときの瞬間を大事にし、思考や言葉を経由することなく行動に結びつけよう。

178

6月26日

誰のサポートをしたいですか？

ずっと走りつづけていられるのは、サポートをしてくれる人がいるからこそ。あなたが大切な人のサポートをする場合、どんなサポート役になりたいだろうか。大切な人が存分に力を発揮できるよう、愛情を持って支える存在。決して目立たないけれど、あなたがいなくては、大切な人は活躍することができない。その意味で、本当の主役はあなたかもしれない。そんなサポート役を目指そう。

179

6月27日

自分が幸せであるためにどんなことをしますか？

幸せに生きることができれば、それだけで人生の目標を達成したも同然。いや、それこそが究極の目標といえるだろう。何かを成しとげることも重要だけど、それが必然的に不幸を招くとしたら本末転倒である。私たちは、幸せになるために生まれてきた。自分自身が幸せであることを最優先しよう。あなたが幸せだったら、まわりも感化されて、幸せになっていく。

180

6月28日

自分の どんなところを 許したいですか？

物事を完璧にやりとげるのは難しい、いや不可能である。できないこともたくさんある。しかし、できない状態が続くと、自分を責めたくなってしまう。でも、どんな自分であっても許してあげよう。そして、自分だけでなく、まわりも許してあげること。どんなことがあってもあなたに許してもらえるのなら、まわりの人は安心してチャレンジすることができる。そのためにも、まずは自分を許してみよう。

一番の理解者は誰ですか？

願いが叶わないとわかったとき、悲しい気持ちに襲われる。そして、大きな挫折感を味わう。挫折をバネに巻き返す人もいるけど、大きすぎる挫折は二度と立ち上がれないほどのダメージを与える。多くを求めるのをやめよう。あなたがすることを、たった１人が喜んでくれればそれでいい。どんなときも、あなたを理解してくれる人を大切にしよう。その存在が、あなたを挫折から救ってくれる。

182

6月30日

まわりが求めている才能はどんなものですか?

ただ淡々と物事を進めるだけではもったいない。あなたには、大きな才能が眠っている。まわりも、あなたの才能を認めている。あなたの才能を、まわりが求めることに発揮してみよう。1つの手段や形式にこだわることなく、時代や相手に合わせて変化させることができれば、あなたの才能はさらに磨きがかかっていくだろう。

7

月

JULY

「なぜ？」と思ったのはどんなことですか？

ただなんとなく日々暮らしていくのではなく、「問い」を持って生きていくことが大事。暮らしの中でふと感じた疑問を、受け流すことなく、「それはなぜだろう?」と自らに問いかけてみよう。答えがすぐに出てこないものもあるが、その問いをくり返していれば、いつか必ず答えはやってくる。こうして得た答えを、これからの人生に活かしていこう。

魔法の質問

184

7月2日

自分のどんなセンスを磨きたいですか？

センスは持って生まれたものではない。自分で磨くものだ。たとえば、絵画に関する知識はないけれど、本物の絵を見つづけていたら、どの絵が素晴らしいかが自然にわかってくる。これが「自分で磨く」ということだ。ただ、単に経験をするだけでは、磨かれない。自分のセンスを磨くため、自らの経験を記録に残してみよう。あなたは、どんなセンスを磨きたいだろう。

魔法の質問
185

弱さや本音を
オープンにするには
何からはじめますか？

自分の弱さは人に見せないほうがいい。本音も明かさないほうがいい。あなたはそう思っているかもしれないが、少しはオープンにしたほうが気は楽になる。あなたに対するまわりの理解も深まる。でも、これまで頑《かたく》なに弱さや本音を外に出してこなかった人なら、そう言われても戸惑うばかりだろう。そんな人は、自分の弱い部分や本音を紙に書いてみて、理解してくれそうな人に伝えてみよう。

魔法の質問

186

7月4日

相反する何を体験したいですか？

清く正しくありたいと願うとき、自らの邪念を払い、我欲を手放そうとするだろう。でも、それらを徹底的に排除しようとすればするほど、幅が狭く融通のきかない人になっていく。ときには、自分の欲に素直になってみよう。その結果、欲が大きくなってしまったら、方向転換して、欲を抑える方向に振り切る。このように2つの相反する状態を交互に体験してみると、自分の進むべき方向性が見えてくる。

魔法の質問

187

7月5日

恵まれているのはどんなことですか？

あなたの人生は恵まれている。人にも、環境にも、チャンスにも、恵まれているはず。でも、あなたは、そのことに、まだ気づいていないかもしれない。自分がどんなことに恵まれているかを一つひとつ挙げてみて、それぞれに感謝してみよう。恵まれていること自体がわからないと、人に恵みを与えることはできない。

気持ちの流れに乗って次は何をしますか？

飽きっぽいことは必ずしも悪いことではない。次から次へと新しい体験にチャレンジしてみよう。１つのことを深く掘り下げるよりも、たくさんのことに取り組んだほうが、経験から来る力があなたの魅力になる。そのとき、そのときの自分の気持ちを大事にし、その気持ちの流れに沿って行動してみよう。今日やったことは、明日はやらなくてもいい。

魔法の質問

189

7月7日

叶えたいのは
どんな夢ですか？

星に願いを伝えてみよう。あなたには、キラキラ輝く夢がいっぱいあるはずだから。そして、夢を叶えるのは、紛れもなくあなた自身。人の夢をサポートするのもいいし、自分の夢の実現に力を入れるのもいい。いずれにしても、できることを一つひとつ積み重ね、それらを最後までやりとげるようにしよう。夢を叶える人は、最後まであきらめない人。

どんな「好き」を まわりに そろえますか？

人間誰しも、好きなものもあるし、嫌いなものもある。あえて嫌いなものを好きになる必要はない。あなたが好きと思うもの、気持ち良いと思うものを、まわりにそろえてみよう。好きなものに囲まれて暮らすことほど、心が華やぐことはない。このとき、あなたは自分の気持ちに素直になり、もっともっと輝くことができる。

魔法の質問

191

どんなふうに人に尽くしますか？

7月9日

あなたは、まわりのことがよく見える人。あなたのその長所を活かして、とことん人に尽くし、どんどん愛情を注いでみよう。みんなは気配り上手なあなたといると、元気になっていく。そして、あなたが尽くせば尽くすほど、まわりからの愛情も信頼も分厚くなっていく。あなた自身の心のグラスも満たされてくる。

魔法の質問

192

7月10日

まわりを優しさで包むためにどんなことをしますか？

優しく穏やかに過ごしてみよう。あなたが醸《かも》し出す優しさは、まわりの人を自然と幸せにする。まわりの人も、あなたに感化され、他の人に幸せの〝お裾分け〟をする。こうして、幸せがどんどん連鎖していく。忙しくて機嫌の悪い人も、何だか怒っている人も、本当は優しく穏やかな１日を過ごしたいはず。そんな人たちを、あなたの〝幸せオーラ〟で優しく包んであげよう。

魔法の質問

193

7月11日

どんなリーダーシップを大切にしたいですか？

リーダーが大切にすべきことは何か。メンバーを引っ張っていくだけがリーダーではない。自分だけががんばっても、チームはうまく機能しない。メンバーの話に耳を傾ける。何が得意かを把握《はあく》する。鼓舞《こぶ》してやる気を出させるのではなく、自然にやる気が出てくるような環境づくりをしてみよう。あなた自身の心の温かさを活かした、あなたなりのリーダーシップをきっと発揮できるはずだ。

魔法の質問

194

7月12日

理想を現実に取り入れるためにどんなことをしますか？

あなたの理想と現実にはギャップはあるだろうか？　もしあるとしたら、きっとあなたの理想は高いのだろう。だからといって、理想を現実に合わせる必要はない。あなたの理想のほうに現実を近づけてみよう。それを突破口に、今まで停滞していた現実が、一気に理想に向かって動きはじめるかもしれない。時間がかかるとしても、焦ることなく、一歩ずつ進んでいこう。

魔法の質問

195

7月13日

感性と知性を磨くためにどんなことをしますか？

感性と知性の両輪を意識してみよう。感性は、美しさや善きものを捉える力。この力は、美しいものに触れたり、人に優しくすることで育まれる。一方、考えたり判断したりする力である知性は、書物や知的な人との会話などによって伸びていく。感性と知性は、同時に働かせることで、相互作用が生じて、どんどん磨かれていく。

魔法の質問

196

どんなことに恐れずチャレンジしますか？

7月14日

あなたの仲間と一緒にどんなことにチャレンジしたいか考えてみよう。あなたがやりたいと思うことを、みんなで取り組んでみる。順調に進むときもあれば、トラブルが起きるときもあるだろう。山積みの課題をこなすのに必死になることもあるかもしれない。そうした局面に恐れず挑むことで、みんなの中に困難への耐性と経験値が貯まっていく。チャレンジの数だけ、チームは大きくなっていく。

魔法の質問
197

7月15日

その行動の意味は何ですか？

行動には必ず意味がある。なぜ、その行動をとっているのか？　その答えは必ず存在する。あなたが誰かと一緒に行動するとき、その意味まで伝えることにしてみよう。反対に、あなたが、相手の行動の意味を訊《たず》ねてもいい。いずれの場合でも、今まで理解されなかった行動の奥に隠れているものが見えてきて、互いの理解がより深まるだろう。理解が深まれば、関係はきっとうまくいく。

魔法の質問

198

7月16日

どんなものに守られていますか？

あなたには守ってくれる存在がある。その存在を強く意識してみよう。身近な人かもしれないし、目には見えない守護神のような存在かもしれない。大切なのは、それがたしかに存在すると知ること。そうすることで、あなたは安心して目の前のことに全力で取り組むことができる。あなたを守護してくれる存在に心から感謝をしよう。

魔法の質問

199

不安があっても取り組みたいのはどんなことですか？

できそうなことだけやってみても、そこに成長はない。「今の自分にはちょっと無理かも」ということに積極的にチャレンジしてみよう。不安を感じるかもしれない。でも、それでやめてしまったのでは成長がない。不安のない人はいない。不安を抱えながらも、目標に向かって脇目も振らずに突き進んでいく。不安こそ、成長にとって必要な要素だ。

7月18日

混乱によって
どんなところが
成長しましたか？

今まで考えてもみなかったことを質問されたとき、誰もが混乱を来《きた》す。その視点を持っていなかったからだ。そんな自分を混乱させるような質問を、自分に対してぶつけてみよう。思考をめぐらせ、知恵をふりしぼって質問に答えようとする過程で、混乱を乗り越える力が育まれる。そして、思いきり悩んで混乱するほど、大きな成長につながっていく。喜んで、混乱してみよう。

魔法の質問

201

7月19日

どこに寄り道をしたいですか？

目標へは最短の距離で到達したい。ほとんどの人はそう思うだろう。でも、なかには、それではつまらないと考える人もいる。そう、味わい深いのは寄り道なのである。寄り道大歓迎！　脇道に入った先でしか出会えない人、発見できないものがある。「人生は寄り道でできている」と言っても過言ではない。

魔法の質問

202

7月20日

本当はどうしたいですか？

質問を通して本質的な答えにたどり着くには、「本当は?」という問いかけを挟むことだ。そうしないと、当たり障《さわ》りのない選択肢や、自分に妥協した道を選びがちになる。自分に対しても、他の人に対しても、なるべく「本当は?」と問いかけてみよう。まわりのことは関係なく、今までのことも関係なく。

どんな励ましの言葉をかけてあげますか？

悩んでいる人が目の前にいたら、どんな励ましの言葉をかけてあげるか。言葉をかける前に、まずその人のことを気にかけてあげること。それができていないと、言葉は相手の心に響かない。存在をしっかり認め、心の奥を感じてあげて、その人にとって本当に必要な言葉を贈る。人によって、うれしい言葉は違うもの。あなたの目の前の人は、どんな言葉をかけられるとうれしく感じるだろう。

あなたを輝かせる場所はどこですか？

一生懸命がんばっているのに、なかなか成果が表れない。そこは、あなたの才能を活かせない場所。自分のいる場所を見つめ直し、もっと輝ける場所がないか、考えよう。ただがんばればいいのではなく、持っている才能や素質を活かせる場所に身を置いていることのほうが大事。環境が変わればいいのか、どんな人がまわりにいればいいのか。自分が最高に輝く場所を見つけよう。

魔法の質問

205

情熱のままにどんな道を進みますか？

7月23日

「暑苦しい」と言われてもいい。笑われてもいい。自分の進むべき道を熱い気持ちを持って驀進《ばくしん》しよう。壁にぶつかることもあるだろう。他人の意見に「これでいいのだろうか？」と自問する日もあるだろう。そんなときこそ大事なのが仲間の力。あなたに賛同してくれる人を増やしながら、前だけを見つめていよう。

魔法の質問

206

7月24日

違う方法が
あるとすれば
どんなやり方ですか？

うまくいっていたら、そのやり方を続ける。うまくいかないようなら、別のやり方を探す。当たり前のことだけど、多くの人は自分のやり方に固執して、うまくいかなくても、いつもと同じやり方を続けてしまう。もし、うまくいっているとしても、「違うやり方は何だろう?」と自分に問いかけてみる。こうして、常に自分に問いつづけていけば、必ずゴールに到達できる。

どんな既成概念を壊しますか?

「これが当たり前だったよね」「ふつうは、こうだから」……。それらは、すべて既成概念。今までは正しかったかもしれないけど、これからの時代には通用しない。常識を打ち破ろう。その方法を提示するのは、他でもないあなた自身。そのためにも、まずは自分の中の既成概念にしっかり目を向けてみよう。

魔法の質問

208

7月26日

自分のどんなところを認めてほしいですか？

人は褒められると、その分だけ伸びていく。うれしくなって、モチベーションが上がる。「どんな言葉で褒められたらうれしいか？」という〝褒められてうれしい言葉リスト〟をつくってみよう。あなたの仲間や親しい人に、そのリストを渡して褒めてもらう。反対に仲間や親しい人にリストをもらい、それに沿ってあなたが彼らを褒めてあげる。お互い、それを糧《かて》に成長していこう。

魔法の質問

209

どんな格好悪さを見せますか？

スタイリッシュな部分にこだわっていると、自分の完璧なところしか人に見せようとしなくなる。でも人には、完璧な部分などほとんどない。格好悪いところがほとんどなのだ。自分の「素の部分」を積極的に開示しよう。素の状態で何かに一生懸命取り組んでいる姿は、格好は良くないかもしれないが、間違いなく美しい。その姿に、人は心動かされる。

怒りのエネルギーをどこに向けますか？

ふだんの生活の中で、怒りを感じてしまうことは当然あるだろう。しかし、その怒りを原因となった人にぶつけてはいけない。怒りのエネルギーを、自らの成長のためのエネルギーに変換しよう。相手に期待していたのに当てが外れてしまったら、期待していた自分を反省する。怒りのエネルギーは、エネルギーの中でもかなり強い力がある。それを有効活用しない手はない。

何をつかみたいですか？

偶然手に入れたものには、ありがたみを感じにくい。自分の中にずっと残るのは、自らの手でつかんだもの。そういうものを最低１つはつかもう。苦労して、何かと戦った結果、やっとつかんだものは、いざというとき、あなたを救ってくれる。自分で動き、自分の目で探そう。

魔法の質問

212

7月30日

どんな誇りを持っていますか？

自信がなくてもいい、不安がいっぱいでもいい。でも、誇りだけは失ってはいけない。自分にとっての誇りとは何か。「誰よりも誠実に取り組む」「言い訳はしない」など、いろいろなことが考えられるだろう。いずれにしても、目の前のことに一生懸命取り組む姿勢が誇りにつながっていく。自分のやっていることに一本芯を通すためにも、自分なりの誇りを確立しよう。

魔法の質問

213

どんなライフスタイルをつくりますか？

7月31日

自分のライフスタイルとはどんなものか。誰とどこで、どんな暮らしをしているか。毎日決まってしていることは何か。自分のことを語る場合に、仕事や会社や肩書ではなく、どんなライフスタイルなのかを語ってみる。それが、そのまま「あなた」という人物を表すことになる。

8
月

AUGUST

魔法の質問

214

8月1日

どんな物語をつくりますか？

あなたが物語をつくるとしたら、どんなお話にするか。ハッピーな物語をつくりがちだが、そんな話が延々続くと、読んでいてつまらない。途中で、主人公がどんな試練に見舞われ、どんな努力を重ね、どん底からどのように這《は》い上がったか、そんな波乱万丈の話を考えてみよう。特に物語の「結」となる、どん底から這い上がる話は、あなたの腕の見せどころだ。

魔法の質問

215

8月2日

どんなことで目立ちたいですか？

自分自身を目立たせる。目立つというのは、存在を知ってもらいやすくすること。そう言うと突飛なことをしがちだが、方法はそれに限らない。いろいろある。「人一倍仕事をこなす」「思い立ったらすぐ行動に移す」「良いと思ったことを他の人にどんどん勧める」……同じ目立つなら、楽しみながら目立つようにしよう。

魔法の質問

216

どんなプライドを手放しますか？

あなたは、何事にもプライドを持って取り組んでいる人。でも、その中には、あなたにとって無用のプライドもある。いや、無用どころか、あなたの邪魔をするプライドもある。一度、自分のプライドを棚卸ししてみよう。自分の中の譲れない部分を紙に書き出し、その中で、自分の足を引っ張っているものがあれば、迷わず捨ててみよう。

どんな創造力を発揮しますか？

思いきりクリエイティブに生きてみよう。クリエイティブな人の作品や書物に触れ、機会があれば、彼らの生の声を聴いて、自分の創造力に反映させる。欲しいものがあったら、自分でつくってみるのもいい。仕事においても、人生においても、どんどん創造力を発揮しよう。

魔法の質問

218

どんなことを表現していきたいですか？

8月5日

あなたはどんな方法で、自分の想いを表現したいだろうか。文章での表現、絵での表現、身体での表現、歌うことでの表現……。その中から、自分に合った表現方法を見つけてみよう。表現するときは、人とは違うオリジナリティあふれる方法を目指そう。何を表現したらいいかわからなくなったら、ただ生きているだけでもいい。生き方も表現の１つだから。

魔法の質問

219

8月6日

どんな華やかさをまといたいですか？

華やかに生きよう。きらびやかなファッションに身を包むのもいいし、高級ホテルなどラグジュアリーな場に出向くのもいい。ゴージャスなものや空間に触れると、自分が磨かれ、輝きを増してくる。そして、あなたが明るく華やかになることで、まわりもあなたからエネルギーをもらって元気になっていく。

どんな動機に動かされますか？

自分の行動の動機はどんなものか。行動のウラには必ず動機がある。「今これをやりたい」と思ったのはなぜなのか？　こうした動機がわかれば、行動する際に間違うことはない。動機が間違っていれば、行動には移さないからだ。その意味でも、動機は重要である。自分を動かす原動力として、動機を今一度しっかり見つめよう。

今より大きい目標をつくるとしたらどんな目標ですか？

目標があれば、行動の励みになる。たしかにそうだが、その目標が、楽に達成できそうなものだとしたら、今までの行動とさほど変わらないだろう。行動を変える意味で、目標を今までの倍の大きさにしてみること。その結果、あなたの行動はきっと大きく変わるだろう。場合によっては、今の10倍の目標にしてみてもいい。目標はいくらでも大きくできると考えておけば、行動はどんどん変わっていく。

魔法の質問 222

8月9日

どんな底力を発揮しますか？

あなたには、もともと力がある。あり余っていると言ってもいい。その力を出し惜しみしているのはもったいない。自分の持てる力を目いっぱい出してみる。自分にどんな力があるかを知り、奥底に潜むその力を、さまざまな局面で活用しよう。

魔法の質問

223

8月10日

破《は》天《てん》荒《こう》にどんなことをしますか？

今まで誰もなし得なかったことに取り組んでみよう。前人未到の境地を切り開くくらいの気概で、チャレンジしたいことがあなたにもあるだろう。我慢をせず、自分を偽らず、本当にやりたいことに向かって邁進《まいしん》し、自分の枠を突破する。そうして、誰も見たことのない景色を、自分の目で確かめてみよう。

魔法の質問

224

8月11日

不死身の体を手に入れたら何をしたいですか？

自分が不死身の体になったとしたら。ぶっ通しで働いてありえない成果をあげる、24 時間マラソンに挑戦する、素潜りで海底をのぞいてみる……。想像はどんどんふくらむだろう。何だか楽しくなってきて、エネルギーも湧いてくる。それが、この質問の意図するところだ。疲れていても、すぐに回復できる〝パワー・クエスチョン〟になるだろう。

魔法の質問

225

8月12日

どんなリーダー役を引き受けてみたいですか？

自分から進んでリーダーになるタイプではないかもしれないけど、まわりの声もあって、気がついたら自然にリーダーになっている。そんなあなたは他人から頼られると、放っておけない人。あなたを慕い、頼りにして、多くの人たちが集まってくる。きっと、素晴らしいチームができるに違いない。あなたなら、どんなリーダー役を引き受けてみたいだろうか。

誰のために
がんばりたいですか？

「自分ががんばればいい」。そういう想いだと、くじけるのも早い。誰かのためにがんばってみる。家族のためでも、愛する人のためでも、尊敬する人のためでもいい。あなたががんばれば、その人の笑顔が見られる。その人が喜んでくれる。人のために出す力こそ、本物の力だ。

魔法の質問

227

8月14日

自分にしか
できないのは
どんなことですか？

誰でもできることを、あなたがするのはもったいない。あなたには、あなたにしかできないことがある。それをぜひ見つけたい。見つけたことを、ただ単にやるのでなく、情熱をもって取り組むことにしよう。そうすれば、まわりの人たちは喜んでくれる。その笑顔が、あなたにさらなる力を与えてくれる。

人と公平に関わるために意識するのはどんなことですか？

人は他人のことを、自分にとって役に立つか立たないか、優秀かそうでないか、といった視点で判断しがちだ。でも、そういう視点は捨てる。そして、他人にみな同じ態度で接する。やってみると結構難しいことだが、人間関係はとても良くなる。仕事においても、ふだんの生活においても、良好な人間関係は基本中の基本。

魔法の質問

229

8月16日

逆境を乗り越えるためにどんなことをしますか？

もうダメだと思ったときこそが、実はスタート地点。逆境を耐えぬく力と、そこから這い上がる力があなたにはある。あなたは過酷な状況においても、人に弱いところを見せることなく、１人で壁を突破する力を持っている。でも、そういうときこそ、まわりに協力を仰いでみよう。あなたのためなら喜んで大きな力を貸してくれるはずだ。

魔法の質問

230

8月17日

やるべきことを
どんなふうに
楽しみながら
やりますか？

やらなければいけないことがあると、気が重くなる。やりたいことであれば、すぐに取りかかってサクサク進むのだが、やらなければいけないことの場合、腰が重く、やっとはじめてみてもなかなかはかどらない。そこに、自分が楽しめる要素を入れてみよう。どんなときも楽しさと軽やかさを忘れずに。

魔法の質問

231

8月18日

人のために何をしたいですか？

世の中のためになることをしよう。足元のゴミを拾って捨てる、ベビーカーを電車に載せるのを手伝ってあげるなど、小さなことでいい。実際にやってみると、気持ちが良く、また今までとは違う景色が見えてくる。日々の生活の中に、「世の中のためになる」という視点を入れておくのもいいだろう。

魔法の質問

232

8月19日

誰のブレーンになってみたいですか？

「あの人のブレーンになれたら、きっとお役に立てるだろうな」。そんな空想を頭の中に描いてみる。ブレーンになるには、何かの分野においてスペシャリストになっておく必要がある。今自分が目標としている道に向かって突き進んでいけば、そういう存在になることが夢で終わらない可能性も出てくる。

魔法の質問

233

どんなシンクロニシティを起こしたいですか？

8月20日

連絡をしようと思ったら、向こうから連絡が来た。ふと、あの人のことを考えていたら、偶然街でばったり出くわした。そんな出来事をシンクロニシティ（幸せな偶然）と呼ぶ。今あなたの身のまわりで起きている出来事は、起きるべくして起きている。シンクロニシティを起こしたいなら、起きてほしいことを強く願うのではなく、心のどこかで意識してみよう。そして、気分良く過ごすようにしよう。

魔法の質問

234

どんな楽しいことを発信しますか？

8月21日

あなたのまわりには、たくさんの楽しいことが潜んでいる。それを見つけ、どんどん発信してみよう。仲の良い人に言葉で伝えてもいいし、多くの人にSNSで伝えてもいい。つらい境遇にある人や、モヤモヤしていた人も、あなたの発信を見て、気持ちがほぐれ、笑顔になれる。こうして、幸せの循環を起こしていこう。

誰のどんな可能性を見出したいですか？

人には隠れた可能性がある。それは、自分では気づきにくい。あなたの観察力と直感力で、まわりの人の可能性を見つけてあげよう。自分の中の可能性を知れば、できることも増えてくる。あふれる可能性を持った人たちと、一緒に何かをするのはとても楽しいことだ。

魔法の質問

236

8月23日

手放したいのは どんな正しさですか？

正しく生きる姿は美しい。でも、ときに、その正しさが邪魔をすることもある。時代はどんどん変わっていく。今まで正しかったことも、すぐに正しくなくなる。あなたが手放してもいいと思う「正しさ」は、どんな「正しさ」だろうか。今まで大切にしていたものを手放すのは、勇気がいることかもしれないが、そうすることで生き方が変わる、道が開ける。

8月24日

味方を増やすためにどんなことをしますか？

1人でできることは限られている。味方は多いほうがいい。自分の味方を増やすにはどうしたらいいか。大きなビジョンのもとに、仲間は集まってくる。役割が用意されている場にも集まってくる。何よりもそのチームのメンバーが輝いて、楽しそうにしていたら、そこに入りたいと思う人も多いだろう。メンバーが輝くには、どんなことをすればいいだろうか。

魔法の質問

238

どうすれば リラックス できますか？

8月25日

あなたが気づかないうちに、ストレスは溜まっていく。小さなストレスであれば1日もあればなくなるが、長い期間にわたって溜まりつづけたストレスだとそうはいかない。時間をかけてリラックスする。何もせず、ただボーッとして、心も体もリラックスさせる。そうして、心と体に〝余白〟ができると、ストレスはどんどん消えていく。

魔法の質問

239

8月26日

自分の中に芸術性はありますか？

芸術とは、あなたの想いを表現したものすべて。あなたが芸術作品をつくるとしたら、どのジャンルがいいか。絵を描くのもいいし、曲をつくるのもいい。陶芸作品もいいだろう。いずれにしても、そこに決まりやルールはない。あなたが感じたこと、伝えたいことを、純粋な気持ちで表現するだけ。活動を通してきっとあなたに、新しい「気づき」を与えてくれるだろう。

魔法の質問

240

8月27日

次は
どんなことを
楽しみますか？

自分を活かすには、楽しさが重要。楽しいことはそのまま楽しみ、楽しくないことはその中に潜む楽しさを見出す。暗い場でも、あなたが加わることでパッと明るく照らされる。あなたは、どこでも誰にも求められる人。

どんな人たちに協力してほしいですか？

プロジェクトは誰と組むかでうまくいくかどうかが決まる。知識や才能があれば、誰でもいいというわけではない。大切にしている想いは同じか。向かっている方向は同じか。関わる人たちが尊重し合えるか。そんなことを確認しながら、仲間を集めよう。あなたは、映画のキャスティングを決めるプロデューサーのような存在だ。

まわりを楽しませるためにどんなことをしますか？

一度しかない人生、楽しく生きていこう。そして、自分だけが楽しむのではなくまわりにも楽しんでもらう。どんな方法で、どんな場をつくるか。そこで、どんな楽しい経験してもらうか。まわりの人の喜びこそが、あなたの喜び。

魔法の質問

243

8月30日

自分の弱さはどんなところですか？

人に弱さを見せたくない。そう思って、強さだけを見せつけて、弱さを隠してしまうこともあるだろう。しかし、そういうことが続けば、本当に弱くなってしまう。素直に自分の弱さを認めよう。そうしてこそ、人は本当に強くなっていく。すぐに克服しなくてもいい。まずは認めることからはじまる。

魔法の質問

244

どんなことで、限界に挑戦しますか？

あなたは限界を感じたことが何度あるだろうか。あなたは限界を超えるたびに強くなれる人。自分の限界に果敢に挑戦しよう。ワクワクしながら限界に向かっていく。そして、限界を突破するごとに力をつけていく。限界を乗り越えたら、たっぷり休息することも忘れずに。

9
月
SEPTEMBER

どんなことに継続して取り組みたいですか？

ダイエットが続かない。日記をつけはじめたけど三日坊主で終わる。そういう場合、いきなり10キロ痩せようと試みたり、ノートに毎日びっしり書いたりしていることが多い。まずは、小さくても続けられそうなことからはじめよう。ダイエットなら100グラムだけ痩せる、日記なら毎日1行だけ。たったこれだけでも、続けていれば成果は得られる。数の多さよりも、毎日続けることを大事にしよう。

魔法の質問

246

9月2日

どんな謎を明らかにしたいですか？

日常生活で疑問に思ったことでも、そのまま放置していることは多い。知らなければ知らないで支障はないのだが、どこか気持ちの悪さが残る。「不思議だな」と感じたことはすぐに解明してみよう。ネットで調べれば、くわしくは理解できないまでも、大まかなことくらいはわかるだろう。こうして、調べるクセをつけて、謎や不思議を放置しないスタンスでいると、物事がどんどんクリアになっていく。

魔法の質問

247

どんな人を大事にしたいですか？

9月3日

身近な人を大事にしたい。それは、当たり前の考え方。それだけでなく、「この人、私にはあまり関係ないのかな」という人も大事にしてみよう。身近な人だけに囲まれていても、成長のステージは変わらない。今までの自分にない新しい視点をもたらしてくれるのは、「自分とはあまり関係のない人」「これまでご縁のなかった人」。こういう人たちと積極的に関わり、お付き合いを大事にしよう。

魔法の質問

248

9月4日

あなたのルーツはどこにありますか？

自分の源はどこにあるか、想いをめぐらしてみる。自分はどこで生まれたのか。両親はどこで生まれたのか。そんなことを、じっくり考えてみる。そして調べてみよう。その過程で、自分を生んでくれた両親に感謝したくなることもあるだろうし、自分の得意なものが見つかるかもしれない。

魔法の質問

249

9月5日

お金と人脈があったら何をしたいですか？

何かに取り組んでいるときに、必要になってくるのは、「お金」と「人脈」。どちらも、いくらあっても困るということはない。もし、両方に恵まれていたらどんなことをしたいか。といっても、ただ闇雲に使っても意味がない。人のために使えば、そのお金と人脈が、さらに循環するだろう。

計画通りに進めたいのはどんなことですか？

計画なしには、物事は進んでいかない。何事も地道に努力し、計画通り進めていくことができたら、必ず実現できる。あなたが目標とすることについても、実現までの計画を立ててみよう。どんな計画なら実施しやすいか、計画通りに進めるにはどんな工夫をすればいいか。さまざまな状況を想定して、計画を立ててみよう。

魔法の質問

251

9月7日

どんな人間関係をつくりあげたいですか？

人の悩みの多くは人間関係が原因という。逆に考えれば、人間関係がうまくいっていれば、悩みはぐっと少なくなる。自分の望む人間関係はどんなものだろう。人は１人では何もできない。何をするにも、必ずそこに人が関わってくる。人との関わりは、すべての物事に必要な要素。

どんなメッセージを受け取りますか？

誰かに教えてもらったり、本を読んだりして学ぶこともあるだろう。でも、人生にとって必要なことは、メッセージとしてやってくる。そのメッセージを見逃さずしっかり受け取ろう。予定と違うことが起きたり、ふと目にした数字を何度も見たり、同じキーワードを立てつづけに聞いたり……。それらはすべてあなたに対するメッセージだ。

魔法の質問

253

9月9日

心の底から
関わり合うために
どんなことをしますか？

あなたには友人がどのくらいいるだろう。その中に心底わかり合える友人が何人いるだろう。寝食をともにしたり、人に言えない悩みを打ち明け合ったり、一緒に何かをつくりあげたり、一緒に悔し涙を流したり……。そんな友人たちとは、切っても切れない深い絆で結ばれている。そんな本音で付き合える人たちを増やしていこう。

魔法の質問 254

9月10日

まわりからどんなことを助けてもらいたいですか？

まわりの人は、あなたを助けてあげたいと思っている。でも、どうしていいかわからない。「1人で大丈夫」というのは、あなたの強がり。まわりが手をさしのべてくれたら、素直に甘えてみよう。そして「助けて」と、きちんと伝えること。そうすると、助けてくれる人が現れる。あなたのまわりには、あなたの味方がたくさんいることを忘れないでほしい。

魔法の質問

255

9月11日

どんな直感を抱きますか？

「直感で進めたほうがうまくいった」という経験はないだろうか。理屈で物事を進めるのもいいけれど、直感も１つの才能。迷ったときは、直感で決めることにしよう。頭の中から邪念や雑念を捨て去る。そこでひらめいた考えが、あなたにとって本当の答えになるだろう。

魔法の質問

256

9月12日

どんなライフスタイルが理想ですか？

「理想の暮らしを実現したい。でも、何からはじめていいかわからない」。そういうときは、理想のライフスタイルを実現している人がいるか探してみよう。その人が毎日どんなふうに過ごしているか、何を大切にしているのか、どんな人たちとお付き合いをしているのか。自分に「できる・できない」は置いておいて、参考にしたり、真似をしてみると、それが理想の実現への一歩になる。

魔法の質問

257

9月13日

どんなことをポジティブに変えますか？

物事は、ある方向から見ればネガティブだが、もう一方から見たらポジティブになる。身のまわりや自分に起きたネガティブな物事を、ポジティブに変換してみよう。「いいかげん」＝「おおらか」、「飽きっぽい」＝「切り替えが早い」、「空気が読めない」＝「まわりに流されない」。こんなふうに変換していけば、ネガティブな物事によって沈んだ気分になっても、明るい気持ちに変えることができる。

魔法の質問

258

9月14日

本当に大切なのは何ですか？

がむしゃらに前に進んでいると、そもそも自分が何を大切にしていたのか忘れてしまう。社員全員を幸せにする会社にしたいと思って創業したが、いつの間にか「売上を大きくしたい」などに目標が変わってしまった。本当に大切なことは、初心に隠されている。あなたが本当に大切にしたかったことはなんだろう。それがしっかりとわかれば、これからもその想いを持ちつづけることができる。

包容力を育《はぐく》むためにどんなことをしますか？

あなたを優しく包み込んでくれる人がまわりにいたら、難しいことにも安心してチャレンジできる。たとえ失敗したとしても、その人たちがあなたの安全基地になってくれ、再チャレンジの勇気をくれる。あなた自身も、まわりに困っている人がいたら、安全基地になってあげよう。弱った心を励まし、悩みの相談相手になってあげ、安心感を与える。あなたの思いやりと包容力は、きっとまわりに必要とされている。

魔法の質問

260

9月16日

誰の話を聴いてあげたいですか？

人の話をしっかり聴いてあげる。「聞く」ではなく「聴く」。なんとなく耳に入れるのではなく、全身全霊で耳を傾ける。「どんなときも、あなたの味方ですよ」という気持ちをこめて。誰でも、人にゆっくり話を聴いてもらえる機会は多くない。あなたは、そういう貴重な存在の１人。誰よりもしっかり聴いてあげよう。

どんなことに潔癖さを発揮したいですか？

潔癖であることは、美しいこと。正確で完璧なたたずまいは美しく映る。言動、所作、服装、身だしなみにおいて、潔癖さを心がけよう。だが、それを他人にも強要すると、ただの厳しい人になってしまう。そうならないよう、自然に潔癖さがにじみ出るようにしたい。

魔法の質問

262

9月18日

どんな苦労をしたいですか？

自ら進んで苦労をしたいという人は少ないだろう。しかし、苦労からしか得られないものもある。人の嫌がること、誰もやりたがらないこと、そこに成長のチャンスがある。苦労は買ってでもしたい。そのとき大切なのは、苦労の質を意識すること。乗り越えることで大きく成長できる、そんな苦労を選ぼう。ただ、苦労はつらい気持ちで乗り越えるものという決まりもない。楽天的に乗り切ってみよう。

魔法の質問

263

仲間同士で成しとげたいのはどんなことですか？

9月19日

仲間を大切にし、仲間とともに生きてみよう。困っていたら助け合い、うまくいかないときは応援し合う。そんな仲間たちをつくっていきたい。そして、ともにどこを目指すのか、何を成しとげたいかを話し合ってみよう。仲間たちと一緒だからこそ、実現できることがある。それぞれの才能によって役割を決め、みんなで一緒にゴールに向かおう。

魔法の質問

264

どんな情報を集めますか？

9月20日

知っているのと知らないのとでは、大きな差が出てしまう。情報はできるだけたくさん集める。ネットを検索すればすぐに出てくる情報には、それほど価値はない。誰でもアクセスできるからだ。それより、信頼する人からもたらされた情報や、自分で足を運んで集めた情報は価値が高い。それをどう活かすか考えながら、情報を集めるようにしよう。

心を空っぽにする時間はいつですか？

定期的に、何もしない、何も考えない時間をつくってみよう。仕事に、プライベートに、生きることに、あなたは毎日忙しい。やらなければいけないこと、覚えなければいけないこと、そんなこんなで頭がいっぱいになる。体もフリーズしてしまう。頭も心も空っぽにする時間を、ぜひ持つようにしよう。

魔法の質問

266

9月22日

親しまれるために
どんな自分で
ありたいですか？

人に親しまれるために自分のあり方を考えてみる。あなたに親しみを感じる人はいったいどのくらいいるだろう。あなたのファンの数はどのくらいだろう。ファンは、どんなときもあなたのことを応援してくれる。そんな人たちがいたら、一生、生きていくのに困らない。そのためにも、どんな自分でありたいか、しっかり考えるようにしたい。

どんな道が
ありますか?

1つの道にとらわれず、いくつも道を見つけておく。ゴールへの道は1つではない。子供のころから野球が大好きで、大人になったらプロ野球選手になりたいとずっと思っていた。彼はプロにはなれなかったが、違う形で野球に関わる仕事をしている。こんなふうに、人と違う道で願いを叶えることもできる。あなたに成しとげたいことがあれば、そこに向かう道も無限にある。どの道を選んでも正解。

魔法の質問

268

9月24日

時代の波に乗るためにどんなことをしますか？

波に乗ってみよう。時代には流れがある。昔、流行っていたことを、今やってもうまくいかない。だから、これから流行りそうなものは何か、みんなが何を求めているかをいち早くキャッチして、その波に乗るようにする。わざわざ荒波に揉まれる必要はないけれど、時代の波には乗ったほうがいい。

魔法の質問

269

9月25日

仲間と一体感を持つためにどんなことをしますか？

仲間とお互いのことをもっとよく知り合い、認め合える関係をつくる。いくら優れた仲間がいても、チームがバラバラだと力を発揮できない。そこには、一体感が必要。でも、チームがどこに向かっていくかが明確でないと、一体感は出ない。一体感を生むことができれば、それぞれの能力が決して高くなくても、成果をあげることはできる。

9月26日

正直になるために心がけたいのはどんなことですか？

自分にも人にも正直でありつづける。嘘をつくと、これまで築いていた良い関係が一瞬で崩れ去る。だからこそ、常に正直でありたい。自分の素の部分を見せなければいけないから、怖い気持ちもあるかもしれない。でも、素直に正直に、まわりと関わっていくと、本当のつながりしか残らなくなる。それこそが、あなたの財産。

魔法の質問

271

あなたのサポーターとどんなことを叶えていきたいですか？

9月27日

あなたのサポーターを今まで以上に大切にしよう。仲間でもなく、お客様でもなく、サポーター。あなたの応援団ともいえる存在。あるときは、あなたを応援してくれ、あるときは、叱《しつ》咤《た》激励《げきれい》してくれる。あなたの力になりたいと本気で思っている人たち。そんな存在があるからこそ、１人ではできないことが成しとげられる。サポーターとともに、どんなことを成しとげたいだろう。

魔法の質問

272

9月28日

まわりを巻き込むために
どんな関わり方を
しますか？

まわりの人を巻き込んでいこう。自分に力がなくても、巻き込む力があれば、どんなことでも叶えられる。本気で楽しく、思いやりを持って。それを意識しながらどんどんまわりを巻き込んでいく。関わった人も必ずみんな幸せにする、そんな意気込みで。あなたのまわりの人は、あなたに声をかけられるのを楽しみにしている。

今からでもリカバリーしたいのはどんなことですか？

リカバリーしたいことに取りかかろう。「すでに手遅れ」なんてことはない。今からでも、十分リカバリーできる。仕事のプロジェクト、人間関係の修復、ずっと叶えたかった夢……。あなたに本気でやり直す気持ちがあれば、どんなことでも大丈夫。やり直せないことなど何もない。

魔法の質問

274

9月30日

遊び心をどんなことに発揮しますか？

遊び心を持ちつづけるようにしよう。そんなに真剣な顔をしていたら、まわりが引いてしまう。難しいものほど、複雑なものほど、そこに遊び心を加えてみる。子供のころを思い出し、こんな工夫をしたらみんな喜んでくれる、そんなことをプランしてみよう。同じやるなら、つまらない顔をして取り組むよりも、楽しく取り組むほうがいい。

10
月

OCTOBER

―― 魔法の質問 ――

275

10月1日

どんな人たちと関わっていきたいですか?

どんな人とつながるかを強く意識しよう。どんな人が自分のまわりにいるかで、あなたがどんな人になるかが変わってくる。優しい人がまわりにたくさんいたら、あなたも優しくなるだろう。成長しつづける人がまわりにたくさんいたら、あなたも成長しつづけるだろう。まわりの人の考えが、あなたの考えになっていく。だから、どんな人とつながるかはとても大事。誰とつながっていこうか。

276

10月2日

魔法の質問

自分の想いをどんな言葉で伝えますか？

自分の想いを言葉に乗せて、人に伝える。文章を読んだとき、文法がデタラメでも、なぜか感動してしまった。そんな言葉に出会ったことはないだろうか。人の心を動かすのは、正しい言葉に限らない。その言葉に想いとエネルギーが乗っていて、それが行間にもあふれていることが大事。上手い下手は関係ない。想いが大切だから。

277

10月3日

フットワーク軽く何をしますか？

フットワーク軽く活動しよう。人生は軽やかなほうがいい。誘いがあったら行ってみる。勧められたら、試してみる。「そこにずっといなければいけない」「今までのものを頑なに守らなければいけない」。それではちょっと重すぎる。目まぐるしく変化している今の時代、身軽に気軽にいたほうがいろいろなことに対応できる。時代に合った生き方をしよう。

278

10月4日

魔法の質問

どんなアイデアをシェアしますか？

アイデアを思いつくのはすごいことだけど、アイデアだけでは価値は生まれない。アイデアを実現していくことのほうが、価値はある。アイデアをシェアし、実現までのプランを一緒に練っていけば、実現化する可能性は一気に高まる。自分で考えて、自分で実現して、成果を自分だけのものにするより、自分で考えたアイデアを、みんなで実現し、その成果をみんなでシェアしたほうがはるかに楽しい。

279

10月5日

魔法の質問

どうすれば人間関係がもっとスムーズにいきますか?

人間関係を今まで以上に円滑なものにするよう努めよう。人は、違いが多い者同士より、共通点が多い者同士のほうが仲良くなれる。交わす言葉が少ないよりも、多いほうが仲良くなれる。そして、何よりも相手に関心を持ち、存在を認め合うことによって、互いの絆は深まる。それを実践することが、人間関係を円滑なものにする近道だ。

魔法の質問

280

10月6日

勝算がなくても
やってみたいのは
どんなことですか？

勝算がなくても、誰が何と言おうとやってみたい。そう思えるものにチャレンジしてみよう。「勝てるのだったらやってもいい」「うまくいく保証があるのだったらやりたい」。それは、本当にやりたいことではない。うまくいくかどうかではなく、「やりたい」かどうか、それを大切にしたい。

281

10月7日

どんな人を信頼したいですか？

信頼できる人の特徴をできるだけ挙げてみてほしい。「嘘をつかない」「約束を守る」「相手のことを真剣に考える」「気遣いを忘れない」「自分の話に耳を傾けてくれる」「しんどいときに声をかけてくれる」……。信頼する人の特徴を自分にも取り入れてみよう。続けていくうちに、あなたも人から強い信頼を寄せられるだろう。

282

10月8日

―― 魔法の質問 ――

自分がより輝くために
どんなことをしますか？

あなたはもっと輝いていい。そのために、できることからやってみよう。ダイヤの原石のように、あなたには磨けば光る部分がまだまだたくさん潜んでいる。持っていないのではなく、見つけていないだけ。それを見つけるためにも、自分のことを冷静に見つめ、本を読み、人との関わりにもっと積極的になろう。

283

10月9日

―― 魔法の質問 ――

どんなこだわりを持ちますか？

あなたのこだわりは、あなたの生き方。もっともっとこだわりたい。人の目にはどうでもいいと映ったことでも、あなたが気になるなら、納得いくまで追求してみる。些細なことでもいい。そのこだわりが積み重なっていくと、独特の世界観になる。その世界観が、本当に世界を変えることもある。

284

10月10日

人と違う
どんなことをしますか？

あなたは人と違っていい。あなた自身、これまで「人と同じことをしていれば間違いない」、そう思っていたかもしれない。集団の中で問題が起きないようにするには、それでよかったかもしれないが、そこに自分の意思がない限り、あなたの存在感はなくなっていく。あなたは、人と違っていい。違うことを恐れてはいけない。違うからこそ、あなたならではの生き方ができる。

確固たる信念は何ですか？

自分を信じ、自分を貫く。自分を信じるには、信念を持つこと。そして信念とは、自分が心から信じられるもの。信念があれば、あなたについてくる人も多くなる。信頼も強くなる。あなたにまだ信念がないとしたら、小さなことから自分で決めてみるといい。小さな決断のくり返しを通して、自分の考えは育っていく。それがやがて信念へと発展していく。

魔法の質問

286

10月12日

ご縁を深めるためにどんなことをしますか？

人脈を広げるのはやめにしよう。たしかに、たくさんの人と仲良くなったほうが、いろいろな面で得することも多いかもしれない。でも、そもそもご縁は、広めるものではなく、深めるもの。信頼できる人たちと、深く深く関わることで、その人だけでなく、その人のまわりの人たちも、あなたを応援してくれるようになる。浅い縁を広げるよりも、目の前の人との関係をじっくり深めていこう。

287

10月13日

誰を癒やしてあげますか？

仕事で疲れていたり、悩みを抱えていたり、心が折れかけていたり……。そんな人に会ったら癒やしてあげよう。言葉をかけるのもいいし、リラックスできる環境をつくってあげるのもいい。特別に何かをしてあげなくても、そばにいるだけで癒やしになることもある。そして、人を癒やせば癒やすほど、あなたも満たされていく。あなたの癒やしを求めている人が、あなたのすぐ近くにいる。

288

10月14日

魔法の質問

どんな流行を取り入れたいですか?

自分の活動の中に、今の世の中の流れを取り込んでみる。今、世の中で何が話題になっているのか? 多くの人が関心を持っていることは何なのか? これから何が流行りそうなのか? あなたには、それらがわかるはず。その視点を活動のすみずみに行きわたらせると、自分の進むべき方向が自ずと見えてくる。そして、あなたのやっていることが、多くの人に知られるようになる。

289

10月15日

心を静《せい》寂《じゃく》で包むためにどんなことをしますか？

「何もしない」をはじめてみよう。動いて、外に向いている時間を「陽の時間」とするならば、静かに、内に向いている時間は「陰の時間」。放っておくと、私たちの暮らしは「陽の時間」でいっぱいになる。そうなれば、本来の自分でいることが難しくなる。本来の自分でありつづけるためにも、動きを止め、情報を遮断し、心を静寂で包む時間をとってみよう。

290

10月16日

魔法の質問

時間をどのように活用しますか？

時間は誰にでも平等にある。しかし、同じ1時間でも、ある人は3時間分くらいの価値を生み出す一方で、ある人は15分程度の価値しか生み出さない。時間を有効活用するには、空き時間の使い方がカギになる。空き時間に何をすべきかをリストにしておこう。あとは空き時間ができたとき、そのリストから、何をするかを選ぶだけ。これで無駄な時間が、どんどん減っていく。

291

10月17日

自由な環境に身を置くためにどんなことをしますか？

あなたが自由になれる場所を探そう。あなたが本来の力を発揮できるかどうかは、どこに身を置くかで決まってくる。暑い地域でしか実を結ばない果実を、寒い地域で育てても、ただ枯らしてしまうだけ。人間も同じこと。あなたの才能は、どんな場所に身を置いたら美しく開花していくだろうか。

魔法の質問

292

10月18日

毎日の暮らしを新鮮なものにするためにどんなことをしますか？

日々の生活に新しさを取り入れよう。たとえば、毎朝見るテレビ番組を違うチャンネルのものに変える。ふだん使っている食器をガラリと替えてみる。こうして、いつもと違うエッセンスをちょっと加えてみると、新鮮な気分になる。その気分が、あなたに新しい発想をもたらしてくれる。

293

10月19日

個性的に生きるために何を大切にしますか？

個性を大切にして生きていこう。自分の考えを尊重し、自分らしく生きる。自分をわざと大きく見せたり、演出したりする必要はない。そんな小手先のことは、すぐに見破られてしまう。そもそも、素の自分でいないと疲弊してしまう。自分の弱さも含めて、個性なのだから。

294

10月20日

魔法の質問

グローバルな視点で見ると何を変化させたいですか？

自分の国では当たり前にしていることが、違う国に行ったら誰もやっていなかった。そんなことは少なくない。私たちの常識は、みんながしているから常識になっているだけ。もっと広い視点で見てみると、今していることが実は当たり前でないことに気づく。視点を変えてみよう。外でも通用するものに変えていこう。

―― 魔法の質問 ――

295

10月21日

あなたが
ファンに
してあげられるのは
どんなことですか？

あなたを応援してくれるファンの人に何ができるか考えてみよう。あなたのファンは、あなたを応援してくれたり、サポートしてくれたり、人を紹介してくれたりする。でも、受け取るだけでは、長く続く関係にはならない。感謝の気持ちを伝えるか、ファンの人にお返しをしてあげるか。エネルギーを循環させるためにも還元していこう。

296

10月22日

—— 魔法の質問 ——

あなたの足りない部分を補ってくれる人は誰ですか？

自分の不得意なことは得意な人に任せよう。自分で完璧にすべてをこなさなくていい。人には得意不得意が必ずある。自分の苦手なことを、無理して得意になろうとする必要はない。あなたは、あなたがやるべき得意なことに集中しよう。

―― 魔法の質問 ――

297

10月23日

何に一《いち》途《ず》になりますか？

何かに一途になってみよう。目移りしたくなる気持ちをぐっと抑え、１つのことを一途に追求しつづける姿は美しい。傍目には不器用に見えるけど、その分野で誰よりもその専門家になれる。人にも物事にも、一途でありつづけよう。

298

10月24日

魔法の質問

地味だけど
がんばりたいのは
どんなことですか？

地味なことをがんばって、縁の下の力持ちを目指そう。注目を集めるような華やかな仕事には、いやでも力が入る。だからがんばれることもある。でも、地味で目立たないことにはなかなか力が入りにくい。あなたにはそういうことこそ、手を抜かずにやりとげる力がある。他の人を主役に持ち上げ、自分は脇役に徹してみよう。

魔法の質問

299

10月25日

パートナーとともに磨いていきたいのはどんなことですか？

今、あなたが１人で磨いていることを、パートナーと２人で磨くようにしよう。何を磨くかは2人で決めることだけど、同じ磨くなら、たとえば2人の時間の過ごし方とか、2人の空間のあり方とか、お互いにないものを補い合いながら、一緒に成長できるものがいい。どちらかが先に成長してしまうと、歩幅が合わなくなる。どんなときも、２人で人生を生きていこう。

—— 魔法の質問 ——

自分の考えのどの部分を変えますか？

「自分が正しい」「相手が間違っている」……。今日からその考えを変えてみよう。その考えを持っている限り、あなたに成長はない。捉え方を変え、感じ方を変え、行動も変えてみる。そうすることで、少しずつ新しい自分になっていく。

301

10月27日

どんな
ドキドキする
体験をしますか？

ドキドキ、ワクワクする冒険のような時間をつくろう。突然やってくるドキドキ、ワクワクもあるけど、できれば自分で意識的につくっていきたい。その感情を味わうには、どんな仕掛けがいいか、どんな作戦が必要か。誰かを驚かせるように、自分をびっくりさせてみよう。何も感じない１日より、エキサイティングな１日を。

302

10月28日

魔法の質問

忍耐力を どんなことに 使いますか？

あなたの持って生まれた忍耐力を発揮しよう。「もうダメだ」とあきらめようとしたけど、もう少しだけがんばってみる。そういうときこそ、本当の力がつくとき。感情的になって我慢できなくなることがあるかもしれないけど、そこは冷静になって、状況を俯瞰してみる。うまくいかないことがあっても、何度も何度もチャレンジすることで、成しとげられることもある。あなたは折れない心の持ち主だから。

303

10月29日

—— 魔法の質問 ——

冷静の中にどんな情熱がありますか？

「冷静」と「情熱」の両方を使いこなしてみよう。あなたは何があっても、冷静でいられる。動じない姿は、まわりからも頼もしく見える。でも、あなたは冷たいだけの人ではない。クールな中に、熱い情熱が潜んでいる。心の奥に熱い想いがたぎっているはず。その思いを、ときには心の奥から引っ張り出してみよう。

304

10月30日

魔法の質問

エネルギーを
フル回転させるために
どんなことをしますか？

あなたが持っているエネルギーをフルに発揮してみよう。明日のために残しておこうとは思わずに。あなたが掲げる目標は、生半《なまはん》可《か》なことでは成しとげられない。持てる力をフルに使って、ようやく手に入れられるようなもの。今日の分のエネルギーは余すことなく、すべてを使い切ろう。

305

10月31日

人と真摯に
向き合うために
どんな関わり方をしますか？

今まで以上に人と真摯に向き合うようにしてみよう。なんとなく付き合う……そんな人との関わり方はあなたには似合わない。いつもまじめで熱心で本気。それをもっと態度で表してみよう。相手を信頼しているからこそ、本気でぶつかる。そんな姿が、あなたの魅力だ。

11月

NOVEMBER

306

11月1日

魔法の質問

どんなことをやり抜きますか？

あなたがやりたいことに没入できる環境を整えよう。誰に何と言われようと、あなたがやり抜きたいことはなんだろうか。１つのことを最後までやり抜く力が、あなたにはある。想いも十分強い。あとは環境だけ。それが整ってはじめて、目標に到達できる。

307

11月2日

魔法の質問

モデルにしたい人は誰ですか？

あなたの目指す姿が実在の人物の誰になるのか、具体化してみよう。そういうモデルとなる存在があるほうが、自分が目標とする地点にたどり着きやすい。仕事の面でモデルにしたい人、人生においてモデルにしたい人。それぞれ別でもかまわない。もちろん一緒でもいい。モデルになりきり、その人だったらどんな考えをするか、どんな行動をするか、そこまで真似をしてみよう。

——魔法の質問——

308

11月3日

どんな作戦を考えますか？

行動をする前に作戦を立てるようにしよう。練りに練った作戦を立て、実現できるよう準備をする。そして、その作戦がうまくいかなかったときのために、次のプランまで考える。目まぐるしく変化する世の中を見ていると、さらに次にまで考えておいたほうがいいかもしれない。作戦を立てるとき、眉間《みけん》にシワを寄せずに、考えただけでワクワクするような作戦こそ、実はうまくいく。

309

11月4日

—— 魔法の質問 ——

どんな人と深く付き合いたいですか?

自分がこれからずっと付き合っていきたい人の条件をしぼってみよう。多くの人と深い付き合いができたら、それは楽しいことだけど、実際には不可能。本当に深く付き合える人は、そう多くはいない。あなたが深く付き合いたい人は、どんなタイプの人だろう。その人が何を大切にしているかまで含めて考えてみよう。じっくり付き合える人は、少なくてもいい。

―― 魔法の質問 ――

310

11月5日

どんな目的のために
チームをつくりたいですか?

チームの目的をしっかりと定めよう。目的が明確なほど、メンバーに対するあなたの求心力は大きくなる。また、目的によって、集めるべきメンバーも替わってくる。目的を定め、それにふさわしい人と成しとげよう。

311

11月6日

―― 魔法の質問 ――

人をホッとさせるために どんなことをしますか？

自分だけでなく、あなたのまわりの人がホッとできる時間をつくってみよう。忙しいと、ホッと息つく間もない。ホッとするのに長い時間はいらない。ほんの短い時間でいい。意識してつくるようにしよう。

312

11月7日

内に秘めているのは どんな想いですか？

あなたの内に秘めた想いを誰かに伝えるようにしてみよう。今、あなたはどんなことを考えているのか。どんな想いで動いているのか。それは、表には出てこず、あなたの内側でぐるぐると循環している。そんな、あなたの内に秘めた想いを、みんな知りたがっている。それはきっと、熱く、かつ本質的なものだろう。おしゃべりになる必要はない。でも、ときには外に出してみるのもいい。

313

11月8日

魔法の質問

困難を楽しむために
どんなことをしますか?

困難に見舞われないに越したことはない。でも長い人生で、必ず一度はやってくる。困難を不幸と捉え、真正面からぶつかると、強い力で跳《は》ね返されてしまう。困難を乗り越えるには、それを楽しむことが一番。いかにして乗り越えるか。そして、その経験を通してどう成長するか。こうした過程を楽しもう。まるでゲームのように。

314

11月9日

何を破壊し
何を創造しますか？

今までやってきたことを一度破壊し、新しくゼロからつくりあげてみよう。あなたは今までずっと同じやり方でやってきて、たしかにそれでうまくいっていたかもしれない。今後も継続できるだろう。でも、そこに成長はない。革新もない。しかし、ゼロから違うやり方ではじめてみると、同じものをつくろうとしても、きっと違うものができるはず。今のあなたに必要なのは、まさにこの破壊と創造だ。

315

11月10日

—— 魔法の質問 ——

オフには何をしますか？

忙しいときこそきっちり休みを取るようにしよう。オフの日は仕事や悩み事を忘れ、頭も心も休める日。そうしてリフレッシュできたら、今まで時間がなくて我慢していたことをやってみよう。中途半端でもいい。我慢をやめることが大切。

魔法の質問

316

11月11日

どんなことを貫きたいですか?

自分の信念を貫こう。信念とは、どんなことがあってもブレない、あなたの「芯」のようなもの。日々の生活の中で易《やす》きに流れたり、人に反発されて捨て去りたくなることもあるけど、石にかじりついても貫いていく。その覚悟と本気の度合いに、人は共感し、応援をしようという気持ちになる。

—— 魔法の質問 ——

常識を超えるために
どんな大胆な行動を
とりますか？

大胆に行動しよう。これまでのあなたの行動は、世の中の常識の枠にとらわれていた。しかし、これからの時代、それではその他大勢に埋没《まいぼつ》し、生き残ることはできない。「大胆に、大胆に」。そこから、あなたの未来は開けていく。

318

11月13日

激しい情熱を何に変えますか?

あなたの中に眠っているマグマのようなエネルギーを、人の役に立つことにどんどん変換しよう。エネルギーを自分だけのために使うのも、他人のために使うのも自由。同じ使うなら、人のために使ったほうが気持ちがいい。あなたはそのことに喜びを感じることのできる人。

319

11月14日

どんなミッションを遂行《すいこう》したいですか？

自分に与えられたミッションを遂行しよう。あなたがこの世に生まれてきたということは、何らかの使命があるはず。それはいったいなんだろう。その使命を果たさずして、人生を全《まっと》うすることはできない。そして、あなたの使命が実現するのを、求めている人たちがたくさんいるはず。不屈の闘志で壁を打ち破りながら、ミッションを成しとげよう。

320

11月15日

どんな高い理想を持ちますか？

うんと高い理想を持とう。はじめての登山でエベレストを目指す人がいないように、あなたが高い理想を持てるということは、これまで理想を実現してきた積み重ねがあるから。理想をレベルアップさせるごとに、クリアしてきたのだ。自分を信じて、理想をどんどんアップデートしていこう。

321

11月16日

—— 魔法の質問 ——

苦手を「好き」に変えるためにどんな工夫をしますか？

苦手なものをちょっとだけ「好き」に変える努力をしよう。苦手なものをよく分析してみると、その中にも、好きなところや克服できそうなところが必ずある。それは、人についても言えること。苦手のものを少しでも克服できたら、その先で得られるものも多いかもしれない。人生、好きなものに囲まれているほうが楽しい。楽しい人生を送るためにも、苦手を「好き」に変えていこう。

322

11月17日

どんな考えをシェアしたいですか?

自分の考えを人とシェアしよう。人に話すと、スッキリする、考えが整理される。自分1人で、机の上で考えてばかりだと、同じところをぐるぐる回るだけ。そんなときは、自分の中だけに留めていないで、まわりとシェアしてみよう。分かち合うことによって、考えがブラッシュアップし、変容していく。こうして、1人では思いつかないものが生まれるはずだ。

323

11月18日

魔法の質問

夢見る力で
どんなことを
叶えますか？

他の人の思いつかないような夢を描いてみよう。あなたの想像力は誰よりも優れている。その力をもって、夢を想像してみよう。実現したい夢に似た写真を見つけ、コラージュしてみるのもいい。あるいは、実現した夢が自分やまわりの世界をどう変えたか、その様子を想像して文章に綴《つづ》ってみるのもいい。夢を持つこと、夢を見ることは、素敵なこと。その夢を叶えていこう。

—— 魔法の質問 ——

324

11月19日

どんなご縁を手放しますか？

つながれるご縁の数には限りがある。あなたの限界以上のつながりが出てきたら、あふれ出てきた分を整理したい。あなたと考え方が徐々に違っていった人、自然と疎遠になった人、大切にしたいものが違う人……。そんな人とのご縁は手放してもいいタイミングがやってくる。ちょっと寂しいけど、思いきって手放してみる。そこから、新しいご縁とのつながりが生まれてくる。

325

11月20日

魔法の質問

まわりに
どんなギフトを
プレゼントしますか？

まわりにどんどんギフトを与えていこう。あなたは、与える人。あなたと関わる人に、どんなプレゼントができるだろうか。プレゼントといっても、物でなくてもいい。自分ができることをしてあげること、人や情報を紹介すること、気を配ること……。そんなことでも十分ギフトになる。まわりにギフトを振りまいていこう。

魔法の質問

326

11月21日

どんな人たちと
どんなことを
磨きたいですか？

1人でがんばるのをやめよう。目標に向かって1人で突き進むよりも、まわりと切《せつ》磋《さ》琢《たく》磨《ま》し合いながら進む。競争相手がいると、より力が発揮できる。教え合い、応援し合い、ときには競争し合う。あなたが今、一緒にがんばりたい人は誰だろう。そして、その人たちと磨きたいことはなんだろう。

327

11月22日

――魔法の質問――

より多くの人を巻き込むためにどんなことをしますか？

より多くの人を巻き込もう。1人より2人、10人より100人……。巻き込む人の数は、多ければ多いほどいい。たくさんの力が集まれば、できることがどんどん増えていく。そして、あなたには、たくさんの力を集めるだけの人間的魅力がある。そのことに、あなたは気づいていないだけ。今こそ、その魅力を前面に押し出すときだ。

328

11月23日

世の中に
どれだけのものを
提供したいですか？

世の中に自分がどれだけのものを提供できるだろうか。自分でこっそり何かをつくっていても、それは誰の役にも立たない。公開しないことには、誰の手にも渡らない。公開し、それを提供して、はじめて役に立つものになる。みんなが喜ぶもの、求めているもの、感動するもの、助かるもの……。まわりの声に耳を傾け、望むものを提供してあげよう。

329

11月24日

魔法の質問

まわりと一緒に成長するためにどんなことをしますか？

まわりと一緒に成長するためにどんなことができるか考えよう。自分１人が成長しても喜びは半分になるが、仲間と一緒だと、楽しさが2倍、3倍とふくらむ。成長するなら、まわりのみんなと一緒がいい。そのためには何をすべきか。学びの場をつくってもいいし、そこで体験談をシェアするのもいい。こうして、まわりを巻き込むことで、あなただけでなく、みんなの成長スピードも加速する。

330

11月25日

—— 魔法の質問 ——

まわりの人に
どんなことを
働きかけたいですか？

まわりの人に積極的に働きかけよう。なかなか動いてくれない人に、どんな関わりをして、やる気を引き出すか。能力はあるのに空回りしている人に、どのような気づきを与えてあげようか。あなたには、人を動かす力がある。相手の心に働きかける力がある。まわりの人と深くつながり、一緒に事を成しとげていこう。

―― 魔法の質問 ――

331

11月26日

切磋琢磨しあえる相手は誰ですか？

あなたのライバルは誰だろう。ライバルはあなたを出し抜いたり蹴《け》落《お》としたりする存在ではない。ましてや競争相手でもない。ライバルはあなたを成長させてくれる人。そんな切磋琢磨できる存在があるからこそ、がんばることができる。成長のスピードも速まる。ライバルは何人いてもいい。自分と同じレベルの人だけではなく、自分より一歩も二歩も先を行く人もそこに加えてみよう。

332

11月27日

人がやらない
あなたがやるべき
「新しいこと」は
どんなことですか？

人と違うことをしよう。かつ、新しいことを。常に新しいものを求め、そのエッセンスを日々の活動に加えていく。多くの人たちが通る道より、ちょっと外れているくらいがちょうどいい。新しいことをはじめると、最初はなかなか受け入れられないけれど、気づけばみんながそのあとをついてきてくれる。そうなったら、その道は外れて、また新しいことをはじめるのもいい。

333

11月28日

―― 魔法の質問 ――

破りたいのはどんな常識ですか？

常識を破ろう。いや、そもそも常識とはなんだろう。みんながやっていること？それとも、当たり前だと思っていること？　常識には、守るべき常識と破ってもいい常識がある。破っていい常識は、どんどん積極的に破っていこう。みんなが恐れて破れない常識を、思いっきり破ってみよう。そうしてはじめて、開ける世界もある。

334

11月29日

どんな「未知」とつながりますか？

あなたがすでに知っていることは何だろう。その答え以外のものとつながっていこう。「未知との遭遇」をしていくのだ。知らないことを知るのは楽しい。未知だったものに触れたとき、喜びもあるだろう。つながりのない未知なるものに関わっていこう。

335

11月30日

魔法の質問

話したことが
何でも実現するとしたら
どんなことを
話しますか？

まるで魔法のように、言葉にはエネルギーがある。力が宿っている。願いを込めた言葉を発しつづけたら、きっと、その願いは実現に向けて動きだすだろう。そのためにも、叶えたいことを言葉にしてみよう。最初はつぶやくだけでいい。それに慣れてきたら、人にも伝えたい。それを何度も何度も続けるうち、願いや想いはいつの間にか実現している。

12月

DECEMBER

魔法の質問

336

12月1日

「本当の自分」とは
どんな自分ですか？

本当の自分とは……。実は自分が一番わからないことかもしれない。でも、わかるときがある。それは、やりたいことを我慢せずにやり、やりたくないことをやめたとき。そうして、自分が幸せを感じている状態や、ストレスをまったく感じない状態が続けば、本当の自分に近づいてくる。本当の自分を知るためにも、自分がやりたいこと、やりたくないことは何か、自分の心に問いかけてみよう。

337

12月2日

——魔法の質問——

どうしても やりたいのは どんなことですか？

「これだけは、やりたい」。あなたにとって、それはどんなことだろう。すでにわかっている人は、今すぐに実行に移そう。やりたいことは、あとに取っておくものではない。何よりも最初の一歩が大事。その一歩を踏み出すタイミングは、いつも〝今〟なのだ。

魔法の質問

338

12月3日

隠れた部分に何が見えますか？

今あなたの目に見えていることは、表に出ている部分。あなたはそれを見て、是非を判断している。でも、本当に大事なことは、あなたには見えない部分、隠れている部分。あなたは、その「見えない部分」「隠れている部分」を想像したり、実際に見に行ったりして、真実を明らかにしてみよう。

339

12月4日

魔法の質問

あなたの壮大なビジョンはどんなものですか？

あなたのビジョンはどんなものだろう。どんな夢を持っているのだろう。もし、そのビジョンや夢がちっぽけなものだったら、ちょっともったいない。思いきり壮大なもの、スケールの大きいビジョンや夢を想像してみてはどうだろう。もし、形をともなって想像できたなら、実現に向かっていく過程を頭の中でシミュレーションしてみよう。大きなビジョンや夢も、まずは思い描くことからはじまる。

—— 魔法の質問 ——

夢に向かう行動の中で
あなたは
何を大切にしますか？

夢に向かって進もう。できるだけ大きな夢に。でも、進みはじめたその先の一歩一歩は慎重に、タイミングを見計らいながら進んでいこう。歩きはじめた方向が間違っていることにだいぶあとになって気づくと、正しい道に戻るには時間がかかる。モチベーションを失ってしまうかもしれない。そうならないためにも、夢に向かうための道のりは、慎重さとタイミングを大切にしよう。

341

12月6日

―― 魔法の質問 ――

どんな野心を持ちますか？

安定した暮らしは平穏を生み出す。しかし、それに甘んじてはいけない。安定は一方で停滞を生み、停滞はストレスを生む。あなたはたくさんの可能性に満ちあふれている。だから安定していても、停滞はしないよう、自分の内なる欲求を少し外に放出してみよう。眠っていたロマンを開花させてみよう。大きな望みを、生きる力に変えていこう。

―― 魔法の質問 ――

342

12月7日

あなたは今どこに向かっていますか？

目指すゴールがあり、そこに向かって進んでいる最中でも、その方向で本当に正しいのかを確認してみよう。そのとき、別の方向に進んでいると気づいたら、すぐに軌道修正をする。自分が成長したことで、ゴール自体が変わってしまっていることもあるだろう。それはそれでOK。そのときは、ためらいなくゴールを変えてしまおう。どちらにしても、ゴールに向かって歩みを進めることに変わりはない。

343

12月8日

魔法の質問

どんな無謀な挑戦をしますか？

簡単にクリアできるものを、チャレンジとは呼ばない。しかし、目標のクリアを重視しすぎると、ハードル自体を低くしがちだ。自ら限界を低くしても意味はない。目標は、無謀なものであれ。クリアできたかどうかよりも、限界に向かって挑戦を続ける姿勢こそが大切。無謀な挑戦を続けてみよう。

344

12月9日

自分をステップアップさせてくれるのはどんな環境ですか?

成長は、ただがんばれば得られるものではない。成長に適した環境がある。できる限り、そのような場所に身を置くようにしよう。もし近くになかったら、転居や転職など思いきって環境を変えてみるのもいい。どんな人たちがまわりにいればいいのか、どんな場所が自分を成長させるのか。先には試練が待ち受けているかもしれないが、あなたならきっと乗り越えられるはずだ。

345

12月10日

―― 魔法の質問 ――

どんなことをプロデュースしたいですか？

1つのことを専門的にやるよりも、さまざまなことに横断的な視点で取り組みたい。そう、スペシャリストよりもジェネラリストでいること。ジェネラリスト的な視点があれば、自分が前に出ていかなくても、人や商品・サービスをプロデュースすることができる。広い視点で物事を捉えてみよう。あなたは、どんなことをプロデュースしてみたいだろう。

346

12月11日

「自分は絶対大丈夫」と思えたらどんなことをしてみたいですか？

うまくいくかな、でも、やっぱりやめようかな……。そう思っているときに「絶対大丈夫だよ、やってみたら」と、大切な人から言われたら、一歩が踏み出せる。その大切な人が自分自身でもいい。自分で自分に励ましの声をかけてみよう。「私は絶対大丈夫」と。誰もやったことがないことでも、困難にぶつかったとしても、あなたは最後までやりきれる人だから。

347

12月12日

―― 魔法の質問 ――

子供のころ好きだったのはどんなことですか?

あなたは子供のころ、どんなことが好きだっただろう。とうに忘れてしまったかもしれないし、覚えているけど今は好きでなくなったこともあるだろう。そんな、かつて好きだったことを、そのころの気持ちのままに思い出してみよう。その気持ちや喜びこそが、あなたにとって今まさに必要なこと。今後の方向性のヒントは、過去の気持ちの中に隠されている。

348

12月13日

―― 魔法の質問 ――

どんな体験をしますか?

新しい境地を求めて、新しい体験にどんどんチャレンジしよう。チャレンジすべきかどうか迷っていては、いたずらに時が過ぎ去ってしまう。ここでは、まずはやってみることのほうを優先したい。聞いたり読んだりして得た知識より、実際に体験してから判断しよう。体験こそが、本物の知恵に変わっていく。

349

12月14日

魔法の質問

あなたのまわりで今どんなことが起きていますか？

あなたの身のまわりで今起こっていることは、実はあなたの心の中で今起こっていることでもある。周囲の様子に注意深く目を向けてみよう。「そのまま進んでいい」というサインも、「ここは立ち止まって、時が来るのを待ったほうがいい」というサインも、他の人には見えなくても、あなたの目には見えているはず。成功へのヒントはいつも、自分の身のまわりに潜んでいる。

350

12月15日

―― 魔法の質問 ――

自分の得た知識を
どんなことに
活かしますか？

知識を得た瞬間は、自分の成長を感じることができる。でも、それだけで満足してしまうのはもったいない。そもそもあなたの目標は、知識を得ることではない。得た知識を自ら咀《そ》嚼《しゃく》し、目的達成のため活かすことに知識を得る意味がある。そうしてはじめて、知識があなたにとって人生を切り開く武器になる。

351

12月16日

魔法の質問

あなたの近くにあるのはどんな幸せですか？

「私はもっと幸せになれるはずだ」「私を幸せにしてくれる人は必ずいるはずだ」……。そんな希望を求めて、遠くまで探しに行く人がいる。でも、あなたを本当に幸せにしてくれる人やものは、あなたのすぐそばに存在する。「心から欲しいものは、裏庭より遠いところでは見つからない」。探しものや求める人があるときは、まず自分のまわりを探してみるようにしよう。幸せは、きっと近くにある。

魔法の質問

352

12月17日

どんな情報を発信していきたいですか？

情報を手元に抱え込んだままではもったいない。惜しみなく、どんどんアウトプットするようにしよう。そうするほど、新しい情報があなたの元にやってくる。情報だけでなく、ギフトもやってくる。あなたの目標の達成を後押ししてくれるようなギフトだ。あなたのアウトプットを待っている人はたくさんいる。情報だけでなく、あなたの今の想いや希望などをアウトプットしていこう。

353

12月18日

魔法の質問

わかり合うために どんなことが できますか？

自分に関わる人とは、わかり合える関係でいたい。わかり合うには、表面的な付き合いではなく、どんな希望を持っているか、どんな人生を送りたいと考えているかなど、相手の内面に少し踏み込む必要もある。もちろん、自分のことも相手にきちんと伝える。そうしてはじめて、互いにわかり合うことができる。そんな関係性を構築していこう。

354

12月19日

当たり前のことを当たり前にするために何から取り組みますか？

成功している人は特別なことをやっている……。そう思うかもしれないが、決してそうとは限らない。うまくいっているのは、当たり前のことを当たり前に取り組んでいる人。誰にでもできることを誰にもできないくらい気持ちをこめて取り組む。あなたにとって、「当たり前のこと」とはどんなことだろう。それをはっきりさせたら、そこに全力を傾けるようにしよう。

355

12月20日

——魔法の質問——

人とフラットに付き合うために意識しているのはどんなことですか？

人は誰でも平等な存在。対等な関係にある。立場や役職上は上下関係が存在するが、本当は対等であるべきだ。フラットでニュートラルな関係は、ずっと続いていきやすい。思ったことを気軽に言い合い、受け止められる関係。そんな人間関係を築いていこう。

356

12月21日

運を味方にするために
どんなことをしますか？

優秀なあなたは、ある程度までは実力で成果を出すことができる。そこから先に進みたいときに、味方にしたいのが運である。今こそ、運を味方にしよう。そのために、運を感じ、天に感謝しながら、行動する。困ったときだけ運に頼るのではなく、常日ごろから感謝して、運に味方でいてもらうようにしよう。

357

12月22日

―― 魔法の質問 ――

どんな実績をつくりますか？

この人は、今までどんな実績があるのか。そのことに目を向けて、相手のことを判断したりする。そう考えると、「今何を言っているか」よりも「これまでに何をやってきたか」を大切にしたい。もし、あなたにまだ実績と呼べるものがなくても、今踏み出している小さな一歩が、これから実績となっていく。実績は大きいかどうかが大事なのではなく、小さな実績でもどのくらい継続しているかを大切にしたい。

358

12月23日

あなたを縛《しば》っているのは何ですか？

「私は自由」と思っていても、見えない鎖で縛られている人は多い。でも、この見えない鎖は、実は自分自身がつくっていたりする。そのことに気づいたら、鎖を外して、閉じ込められていた部屋からさっさと出ていこう。扉の向こうには、新しい世界がきっと開けている。

359

12月24日

——魔法の質問——

あなたの行動指針はどんなものですか？

「最初の一歩が大事」なのはもちろんだが、何も考えずに無闇に動きはじめると、すぐにどこに向かって進めばいいのかわからなくなってしまう。そうならないためにも、動きはじめるときは指針になるものを決めておこう。「自分が最も大事にしたいものは何か？」。この問いの答えが、それに近い。くじけそうなときも、うまくいっているときも、指針に基づいていれば、迷子になることはない。

魔法の質問

360

12月25日

まわりの人を
やる気にさせるために
どんなことをしますか？

あなたは、自分の「やる気ポイント」がどこにあるか自覚しているだろうか。人は誰にでも、心や体が自然と動きはじめるモチベーションの源がある。自分のそれがわかったら、あなたのまわりの人たちの「やる気ポイント」も探してみよう。ポイントは一人ひとりまるで違う。10人いたら10パターンある。そのポイントを刺激して、自然にやる気が湧いてくる術《すべ》を見つけよう。

361

12月26日

——魔法の質問——

どんな街が理想ですか?

あなたが住んでいるのは、どんな街だろう。自分の街には、他の街にはない魅力がたくさんあるはず。では、あなたが、自分の街を理想の街に近づけたいならどんな行動が必要だろう。それがわかれば、どこから手をつければいいかが見えてくる。

362

12月27日

みんなが同じ方向に向かうためにできることは何ですか？

あなたのチームのメンバーを同じ方向に向かわせるために、あなたにはどんなことができるだろう。同じボートに乗っている4人が、バラバラの方向に漕《こ》ぎ出したのでは、ボートはどこへも進むことができない。このように、チームが同じ方向に向かっていなければ、みんなのエネルギーを無駄に浪費するだけ。せっかく縁あってチームになった者同士、同じゴールを目指して力を合わせて進んでいこう。

363

12月28日

—— 魔法の質問 ——

無邪気になれるのはどんなときですか？

大人になるにつれ、失っていくものの１つが「無邪気さ」だ。「今さら、ばかばかしい」「もう恥ずかしくてできない」……。そう思ってやらないこともたくさんあるだろう。しかし、無邪気とは自分の素の部分を表現すること。そうすることで、まわりの共感や応援を得やすい。子供のころに戻り、無邪気になってみよう。そこから開ける道もきっとある。

―― 魔法の質問 ――

364

12月29日

自然のリズムでどんなことに取り組みたいですか?

がんばっていると、無理してしまうことがある。体の調子を崩してしまうこともあるだろう。人間の本来のリズムは「自然のリズム」。自然のリズムは速すぎず、そして一定の間隔でもない。自分のリズムを自然のリズムにリセットすれば、本来のペースを取り戻すことができる。自然のリズムを取り入れるには、自然にたくさん触れること。「調子が悪いな」と感じたときは、自然の中に身を置くようにしよう。

365

12月30日

どこに飛び込みますか？

飛び込むには勇気がいる。だからといって、安全で安心な場所にずっと留まっていては成長はない。未知の分野に思いっきりダイブしてみよう。そうしないと見えてこない世界がある。頭であれこれ思い悩まず、体で飛び込むようにしよう。

力を抜いて やってみたいのは どんなことですか？

武道では、余計な力が入っていると相手に勝つことはできない。それと同じで、あなたも肩に力が入っている状態では、自分本来の力は発揮できない。力をうまく抜いてこそ、真の力が出せる。力は抜くけど、手は抜かず。余計な力を入れないためには、1日の中で「空っぽの時間」をつくること。リラックスして何も考えない状態だからこそ、力がどんどん入ってくる。

おわりに

すべての質問に答えることはできたでしょうか？

この本は、読む本ではなく「答える本」。
そして、この本では、書いてあることよりも、あなたの答えのほうに価値があります。
だから、答えを大切にしてくださいね。

今、この「おわりに」を読んでいる方は、３６５日（閏《うるう》年なら３６６日）すべての質問に答えてきた人かもしれません。そういう人も、今日の日付の質問から、また答えはじめてください。そして、ふたたび３６５日答えたら、またその日の質問からリスタート……。同じ質問でも、１年ごとに答えが変わっているはずです。質問を通して、自分の変化や成長を感じとることができるでしょう。

先日、こんな質問をされました。

「今まで学んだものの中で、一番よかったものは何ですか？」

「ぼくは、質問力です！」と０・２秒で出てきました。

質問力は人生を劇的に変える力です。

質問に答え続けるということは、質問力を身につけるということ。

この本を通して、あなたの質問力も自然と磨かれてきたことでしょう。

そこで今度は、あなたが自由に質問をつくり、自分に、そして大切な人に、投げかけてみてください。

自分にどんな問いを投げるか？　は、どんな人生を生きるか？　と同じことだと考えます。問いを持ち、問いに答え、理想の人生を紡《つむ》いでくださいね。

今まで質問力の本を国内外で40冊以上出してきましたが、このような３６５日のスタイルははじめてでもあり、ずっとつくりたかった形でした。

この機会をつくってくれた、二十年来の親友である山本時嗣《ときおみ》さん、そして森岡純一室長、ありがとうございます。３６６日分の質問を生み出すにあたり、人生の師でもある來夢先生からのメッセージもヒントにさせていただきました。いつも感謝いたします。

「魔法の質問」の活動をはじめて18年以上経ちますが、５０００人以上の講師やインストラクターの方々が今もなお活動しているからこそ、この本も世に出ました。みんないつもありがとう。

最後に、人生を一緒に創りあげているライフパートナーのＷＡＫＡＮＡに心から感謝します。

この本が、あなたの人生が変わるきっかけになったらうれしいです。

マツダミヒロ

マツダミヒロ

質問家。ライフトラベラー。時間と場所にとらわれないビジネススタイルで世界を旅しながら、各国で「自分らしく生きる」講演・セミナー活動を行う。1年のうち300日は海外に滞在。カウンセリングやコーチングの理論をベースに、自分自身と人に日々問いかけるプロセスを集約し、独自のメソッドを開発。質問するだけで、魔法にかかったようにやる気と能力が引き出され、行動が起こせるようになることから、「魔法の質問」と名づける。自分らしく働き、自分らしく生き、大切な人たちと豊かな時間を過ごすことを大事にしている。『質問は人生を変える』（きずな出版）、『最愛の人と出逢う「恋のしつもん」最高の関係になる「愛のしつもん」』（マガジンハウス）ほか、著書は国内外で40冊を超える。

1日《にち》1問答《もんこた》えるだけで理想《りそう》の自分《じぶん》になれる

365日《にち》の質問《しつもん》

2021年10月30日　初版1刷発行
2022年1月5日　3刷発行

著者　マツダミヒロ
発行者　内野成礼
発行所　株式会社 光文社
〒112-8011　東京都文京区音羽1-16-6
電話　編集部 03-5395-8270　書籍販売部 03-5395-8112　業務部 03-5395-8125
メール　kikaku@kobunsha.com
落丁本・乱丁本は業務部へご連絡くだされば、お取り替えいたします。
組版　堀内印刷
印刷所　堀内印刷
製本所　ナショナル製本

R <日本複製権センター委託出版物>
本書の無断複写複製（コピー）は著作権法上での例外を除き禁じられています。本書をコピーされる場合は、そのつど事前に、日本複製権センター（☎03-6809-1281、e-mail：jrrc_info@jrrc.or.jp）の許諾を得てください。

本書の電子化は私的使用に限り、著作権法上認められています。
ただし代行業者等の第三者による電子データ化及び電子書籍化は、いかなる場合も認められておりません。

© Mihiro Matsuda 2021 Printed in Japan
ISBN 978-4-334-95276-1